ROMANTISCHE STRASSE

DIE 99 BESONDEREN SEITEN DER REGION

entdeckt von Werner Rosenzweig

mitteldeutscher verlag

Inhaltsverzeichnis

ROMANTISCHE STRASSE

Schloss Neuschwanstein aus der Vogelperspektive

Lebensfreundlich und vielfältig

Rund 150 innerdeutsche Ferien- und Themenstraßen gibt es heutzutage. Von der Käsestraße bis zur Totenkopfstraße, von der Störtebeker-Straße bis zur Deutschen Vulkanstraße. Keine ist so beliebt und bekannt wie die Romantische Straße, die über knapp 500 Kilometer von der Würzburger Residenz bis in das schwäbische Füssen im Ostallgäu führt. Unterwegs liegen mittelalterliche Schatzkästchen, wie Rothenburg ob der Tauber und Dinkelsbühl. Das stadtmauerbewehrte Nördlingen und eine der ältesten Städte Deutschlands, Augsburg, laden zum Verweilen ein. Kurz hinter Landsberg am Lech erstrecken sich am Horizont erstmals die Allgäuer Alpen, und ein Abstecher zur Wieskirche im bayerischen „Pfaffenwinkel" vermittelt bleibende Eindrücke im Stile des Rokokos. Von hier aus ist es nicht mehr weit, bis sich das Märchenschloss Neuschwanstein des bayerischen Königs Ludwig II. über dem Forggensee erhebt und wir unweit der Stadt Füssen der 1.720 Meter hoch gelegenen Panoramagaststätte auf dem Tegelberg entgegenschweben.

Rund fünf Millionen Gästeübernachtungen zählt man jährlich entlang der Route. Vier bis fünfmal so viele Tagestouristen kommen hinzu. Neunundzwanzig Mitgliedsorte entlang der Ferienstraße versprechen ihren Gästen weit mehr als 160 Sehenswürdigkeiten. Die 99 schönsten und interessantesten stellen wir Ihnen hier vor. Gehen Sie mit uns auf die Reise, fern überfüllter Autobahnen, und verwöhnen Sie Augen, Geist und Sinne.

Zugang zum UNESCO-Kulturerbe am Residenzplatz

Balthasar Neumann lässt grüßen

1

Residenz Würzburg
Residenzplatz 2
97070 Würzburg
www.residenz-wuerzburg.de

Als die Franken ab dem 5. Jahrhundert begannen, die Gebiete im Rhein-Main-Donau-Raum zu kolonisieren und der erste Frankenkönig, Chlodwig I. aus dem Stamm der Merowinger, im Jahr 496 die Alemannen entscheidend schlug und anschließend mainaufwärts zog, begründete dieses Ereignis die eigentliche Geburtsstunde der Stadt um das Jahr 560 herum. Den Merowingern folgten Benediktinermönche, welche die Bekehrung zum Christentum mit sich brachten. Weitere christliche Reformer, welche die Geschichte Würzburgs prägten, waren der Frankenapostel Kilian, der Benediktiner Bonifatius und später, im 16./17. Jahrhundert, Julius Echter von Mespelbrunn, Fürstbischof von Würzburg und Herzog von Franken. Im Jahr 738 erhielt Bonifatius von Papst Gregor III. den Auftrag, die kirchlichen Verhältnisse in Germanien zu ordnen. 742 gründete er das Bistum Würzburg. Erst im 18. Jahrhundert begannen die Bauarbeiten an der fürstbischöflichen Residenz. Fünfundzwanzig Jahre, von 1719 bis 1744, dauerte es, bis das Gebäude stand. Weitere fünfunddreißig Jahre gingen ins Land, dann war auch der Innenausbau abgeschlossen. Die Mühe hatte sich gelohnt: 1981 erhob die UNESCO die Würzburger Residenz zum Weltkulturerbe. In einer ihrer Begründungen bewertete sie den Prachtbau als „das einheitlichste und außergewöhnlichste aller Barockschlösser". Auftraggeber für den Neubau des pompösen Bauvorhabens war Fürstbischof Johann Philipp Franz von Schönborn, der den Planungsauftrag an den damals noch unbekannten Balthasar Neumann vergab. Die Residenz sollte neuer Sitz der machthungrigen Würzburger

Prachtstraße zum Schlendern

Fürstbischöfe werden, welche seit dem 13. Jahrhundert auf der Festung Marienberg residierten. Dieser Amtssitz genügte ihren repräsentativen Ansprüchen schon lange nicht mehr.
Weltberühmt wurde die Residenz durch das stützenfreie überwölbte Treppenhaus und das darüber befindliche, wohl größte Deckenfresko, welches von dem Italiener Giovanni Battista Tiepolo geschaffen wurde und eine Anspielung auf die damals vier bekannten Erdteile darstellt. Hier erahnt der Besucher, in welcher Pracht und welchem Luxus die früheren Kirchenfürsten repräsentiert und gelebt haben. Gleiches gilt für die Hofkirche, welche im südwestlichen Ecktrakt untergebracht ist. Sie soll angeblich die prunkvollste und schönste Kirche Würzburgs sein. Kritische Stimmen sagen, dass hier die Verbrechen der Fürstbischöfe an anderen offenkundig werden, denn nur durch Mord und Plünderungen, durch Raub und Schändung, konnte dieser

Protz und Prunk finanziert werden. Weitere Höhepunkte in der Residenz sind das Treppenhaus, der Weiße Saal, der Kaisersaal und das Spiegelkabinett. Ein verheerender Bombenangriff am 16. März 1945 brachte Tod und Verwüstung über die Stadt. Auch die Dächer, hölzernen Decken und Fußböden des Prachtbaus brannten aus. Nur die gewölbten Räume, vor allem des Mittelbaus, überstanden das Flammeninferno ziemlich unbeschadet. 1987 war die Wiedererrichtung vollendet.

Hofkirche in der Residenz

Das Fuggerhaus am Ende der Reichsstraße

Kernstück der Stadt

2

Reichsstraße Donauwörth

Reichsstraße
86609 Donauwörth
www.donauwoerth.de

Vor rund 14,5 Millionen Jahren ereignete sich nur wenige Kilometer von der heutigen Stadt Donauwörth entfernt eine kosmische Katastrophe, als ein etwa ein Kilometer großer Asteroid mit einer Geschwindigkeit von 70.000 km/h in die Erdkruste einschlug. Bei seiner Explosion setzte er eine Energie von mehreren 100.000 Hiroshima-Bomben frei und löschte im Umkreis von 100 Kilometern jegliches Leben aus. Geblieben ist bis heute der Geopark Ries mit einem Durchmesser von rund 25 Kilometern, an dessen süd-östlichem Rand die Große Kreisstadt Donauwörth liegt. Die Stadt selbst wurde vor über 1.000 Jahren aus einem ihrer zwei Flüsse geboren. Die Altstadtinsel Ried darf als Keimzelle der Stadt betrachtet werden. Von hier aus nahm zu den Zeiten der Völkerwanderung die Stadtentwicklung durch Fischer ihren Lauf. Heute bildet die kleine Insel eine verkehrsberuhigte Zone und ist sowohl bei den Einheimischen als auch bei Touristen ein beliebter Aufenthaltsort. Die Reichsstraße ist das Kernstück der Stadt. Ihren heutigen Namen bekam sie, weil sie Teilstück der Straße des Heiligen Römischen Reiches war, welches die ehemaligen Freien Reichsstädte Nürnberg und Augsburg miteinander verband. Sie liegt etwa im Mittelpunkt der Romantischen Straße zwischen Würzburg und Füssen und gilt als einer der schönsten Straßenzüge Süddeutschlands. An ihr entlang liegen das alte Rathaus (1236), das Tanzhaus (um 1400), das Fuggerhaus (1539), das Donauwörther Liebfrauenmünster und der Reichstadtbrunnen. Das Tanzhaus trägt seinen Namen zu Recht. Hier wurde für die Bürger sonntags zum Tanz aufgespielt,

In einer Linie mit den Schlössern Schönbrunn und Versailles

Donauwörth aus der Luft, rechts die Altstadtinsel Ried

wovon sich auch Kaiser Maximilian nicht abschrecken ließ. Im vierten Stockwerk ist das Archäologische Museum untergebracht und vermittelt Interessantes, Wissenswertes und Sehenswertes zur Vor- und Frühgeschichte Donauwörths. Am oberen Teil der Reichsstraße steht das 1539 errichtete Fuggerhaus, ein zweigeschossiger Bau der Renaissance. Im Jahr 1536 hatte Anton Fugger die Reichspflege für Donauwörth übernommen. Damit war er in der Stadt Stellvertreter des Kaisers, ausgestattet mit Rechten wie der Hochgerichtsbarkeit und des Geleitrechts. Es war eine von vielen Maßnahmen, womit die Fugger ihre Herrschaftsschwerpunkte von Augsburg aus nach Norden und Nordwesten, bis zur Donau hin, ausweiteten. Das katholische Donauwörther Liebfrauenmünster, eine gotische Stadtpfarrkirche, wie die Architektur des Turms verrät, ist ein Backsteinbau, dessen Bauzeit sich über 23 Jahre hinzog (1444–1467). Bis ins

Jahr 1732 trug der Turm einen gotischen Spitzhelm. Zweimal schlug der Blitz darin ein. Danach bekam das Gotteshaus seinen heutigen Stumpfhelm. Im Innern der Kirche fallen besonders die Epitaphien der Deutschordenskomturen, das Sakramentshäuschen, der Taufstein sowie der gotische Christus über dem Hochaltar auf. Draußen, nur wenige Meter von der Kirche entfernt, sprudelt der Reichstagsbrunnen, auf dem ein mächtiger Adler thront. Der Brunnen entstand 1977 anlässlich der Feier zur „1.000-jährigen Brückenstadt".

Bürgerhäuser entlang der Reichsstraße

Bewachsene Hausfassade in der Fuggerei

Älteste Sozialsiedlung der Welt

3

Fuggerei Augsburg
Fuggerei 36
86152 Augsburg
www.fugger.de

Augsburg ist eine der ältesten Städte Deutschlands. Ihr Ursprung geht auf ein römisches Heerlager, 15 v. Chr. zurück Die Geschichte der späteren Provinzhauptstadt Augusta Vindelicorum ist vielfältig und abwechslungsreich. Und dennoch, niemand hat die Geschichte der Stadt so sehr geprägt wie die Kaufmannsfamilie der Fugger. Es war im Jahr 1367, als der Webermeister Hans Fugger sich in der Stadt ansiedelte. Er heiratete und hinterließ zwei Söhne, Andreas und Jakob Fugger, welche sich das Familienerbe teilten. Die Zeiten damals waren hart. Von den goldenen Zeiten der Renaissance zu sprechen, traf nur auf die wirklich Reichen zu. Rund neunzig Prozent der damaligen Stadtbevölkerung war bettelarm. Die Zeit und die Reformation spalteten die Stadt in Altgläubige und evangelische Christen, in Arm und Reich, in Luxus und Armut, in Luther- und Fuggeranhänger. Es war der Familienzweig des Jakob Fugger, der es zu sagenhaftem Reichtum und Einfluss schaffen sollte. Einer seiner sieben Söhne, Jakob Fugger „der Reiche", hatte sich zu einem modernen Unternehmer gemausert und stieg bald zum führenden Kaufherrn und Montanunternehmer seiner Zeit auf. Seinen sagenhaften Reichtum erwarb er durch sein Engagement im Kupfer- und Silberbergbau. Mit seinen ihm zur Verfügung stehenden finanziellen Mitteln finanzierte er den Aufstieg der Habsburger zur Weltmacht. Jakob lebte in den Zeiten des auslaufenden Mittelalters. Die Zeit war tief geprägt vom religiösen Glauben und der Furcht vor dem Fegefeuer. Ablass tun half. Davon war man überzeugt, auch Jakob Fugger. So stiftete der im Jahr 1511

Jakob Fugger war der reichste Mann der Welt.

Die Fuggerei von oben

Geadelte zehn Jahre später die Fuggerei, nur wenige Schritte vom Renaissance-Rathaus entfernt. Sie ist die älteste Sozialsiedlung weltweit. Zunächst entstanden 52 zweistöckige Häuser, in denen hauptsächlich Familien wohnten. Aufgenommen wurden nur bedürftige Katholiken, die sich verpflichteten, täglich drei Gebete für den Stifter und seine Familie zu sprechen. Neben der Gebetsverpflichtung sollten sie auch bereit sein, kleinere Dienste für das Allgemeinwohl, wie Nachtwächter, Mesner, oder Gartenpflege, zu übernehmen. Auch heute, knapp 600 Jahre später, gilt immer noch, was damals schon galt: Auf einer ummauerten Fläche von rund 15.000 Quadratmetern stehen zwischenzeitlich 67 Häuser mit 142 Wohnungen. Im Laufe der Zeit kamen auch noch die St. Markuskirche, zwei Museen und ein Verwaltungsgebäude hinzu. Rund 150 Bewohner leben heute in der Fuggerei. Sie bezahlen eine Jahreskaltmiete

3

von 88 Cent für durchschnittlich 60 Quadratmeter große Wohnungen. Nebenkosten sind separat zu entrichten. Auch die Gebetsverpflichtung gilt nach wie vor. Täglich um 22 Uhr werden die Tore der Fuggerei geschlossen. Wer danach um Einlass bittet, bezahlt 50 Cent an den Nachtwächter. Wer nach Mitternacht kommt, muss einen Euro löhnen. Die Fuggerei ist heute eines der meistbesuchten städtischen Touristenziele. Ein kleiner Eintrittsobolus dient zum Erhalt der Wohnanlage.

Wohnhäuser in der Fuggerei

Deckengemälde in der Wieskirche

UNESCO Weltkulturerbe – „Die Wies"

4

Wieskirche
Wies 12
86989 Steingaden
www.wieskirche.de

Im „Bayerischen Pfaffenwinkel", einem Gebiet zwischen den Flüssen Lech, Ammer und Loisach, dem südlichen Ammer- und dem Südende des Starnberger Sees, bis hin zu den Ammergauer Alpen, liegen Kirchen und Klöster so eng beisammen wie sonst nirgendwo im Lande. Auch „Die Wies" steht hier und erzählt eine merkwürdige Geschichte, die zu ihrem Bau führte: Nur drei Jahre, von 1732 bis 1734, wurde die Skulptur eines gegeißelten, in Ketten gelegten Heilands bei den Karfreitagsprozessionen mitgetragen. Kunst oder Schönheit versprühte sie nicht. Im Gegenteil, die Figur sah gar erbärmlich aus. Folglich verbannte der Abt des Klosters Steingaden den Heiland in eine Abstellkammer seines Klosters. Doch die Gläubigen, denen der gegeißelte Heiland ans Herz gewachsen war, hatten die Skulptur nicht vergessen. Einige Jahre später, 1737, bat das Ehepaar Lory darum, ob sie die Skulptur nicht auf ihren Bauernhof in die unwegsame, unbekannte Einöde der Wies verbringen dürften, um ihr in ihrem Schlafgemach einen würdigen Platz zu geben. Am 4. Mai 1738 war es dann so weit. Da stand sie nun als Andachtsbild, weit weg von aller Öffentlichkeit des vielbesuchten Klosterortes, in der schlichten Schlafkammer der Familie, zwar sehr geschätzt, verehrt und gepflegt, aber einsam und verlassen. Am 14. Juni 1748 geschah das Wunder. In der Nacht entdeckte Maria Lory Tränen im Gesicht des Gegeißelten. Natürlich erzählte sie ihrem Beichtvater im Kloster von diesem wundersamen Ereignis. Der Abt des Klosters wollte kein Aufheben um das Erlebnis der frommen Bäuerin machen. Zu abstrus klang die Geschichte. Dennoch wurde das Tränenwunder be-

Prunk und Protz im Überfluss

Luftbildaufnahme von der Wieskirche

kannt und Neugierige wie Fromme kamen in die Wies, um die Skulptur persönlich in Augenschein zu nehmen. Auch als der Abt die Figur in eine eigens dafür hergerichtete Kapelle verbringen ließ, riss der Strom der Wallfahrer nicht ab. Die Verehrung hielt an, und die Kapelle musste vergrößert werden. Das Bistum Augsburg schaltete sich ein, um Licht in die Angelegenheit zu bringen. Im Jahr 1743 erteilte schließlich der Steingadener Abt Hyacinth Gassner Dominikus Zimmermann, dem Baumeister und seinem Bruder Johann Baptist, dem Freskenmaler, den Auftrag zum Bau einer Kirche in dieser Einöde zwischen Wald und Mooren. Es wurde ein einmaliges Kunstwerk, welches zwischenzeitlich jährlich von rund einer Million Gästen besucht wird. 1984 wurde es zum UNESCO-Weltkulturerbe erhoben. „Die Wies" ist heute Bestandteil des naturnahen Landschaftsbildes im oberbayerischen Alpenvorland. Doch mit der Ruhe und

Beschaulichkeit ist es längst vorbei, wenn die Touristen aus aller Welt wie die Heuschrecken in die Gegend einfallen. Dann sind die Großparkplätze von Blechkarossen belegt, und Menschen machen sich in Scharen auf den kurzen Weg hin zu der Rokokokirche „Zum gegeißelten Heiland auf der Wies". Wer die Kirche betritt, kommt aus dem Staunen nicht mehr heraus. Formen, Farben und lichtvolle Schönheit beeindrucken den Besucher.

Prunkvolle Barockausstattung in der Wies

Das Märchenschloss Neuschwanstein

Märchenprinz, Genie oder Verrückter?

5

Schloss
Neuschwanstein
87645 Schwangau
Neuschwanstein-straße 20
www.neuschwanstein.de

Auch heute noch, mehr als 130 Jahre nach seinem rätselhaften Tod, gehen die Meinungen über König Ludwig II. auseinander. Tatsache ist, dass er mit seinen Schlössern Neuschwanstein, Herrenchiemsee und Linderhof Bayerns meistbesuchte Prachtbauten erschuf. Seine Jugend verbrachte der Monarch auf Schloss Hohenschwangau, dem Wohnsitz seines Vaters und späteren bayerischen Königs Maximilian II. Schon frühzeitig traf er dort auf die Sagenwelt des Mittelalters. Als er im Jahr 1864 den bayerischen Thron bestieg, war er gerade 18 Jahre alt. König wollte er eigentlich nie werden. Schon in jungen Jahren war er der Realität entrückt und widmete sich lieber seinen romantischen Ideen. Er träumte von prächtigen Bauten, die er für sich errichten lassen wollte. So entstand Schloss Neuschwanstein nach dem Vorbild der Wartburg. Seine Architekten und Baumeister trieb er in den Wahnsinn, da er sie ständig mit Änderungen beauftragte, was die Baukosten in gigantische Höhen trieb. Alles musste der neuesten Technik entsprechen. So wurden, der Statik wegen, bereits Stahlträger verarbeitet. Elektrizität, Zentralheizung, Telefon, elektrische Rufanlagen, Wasserklosetts, Aufzüge, alles was dem neuesten Stand der Technik entsprach, wurde verbaut. Neuschwanstein entstand nicht als Repräsentationsbau oder zu Zwecken der Machtdemonstration, sondern ausschließlich als persönlicher Rückzugsort. Auf heutige Verhältnisse umgerechnet, soll Neuschwanstein rund 200 Millionen Euro gekostet haben. Die Bauarbeiten am Schloss begannen im Jahr 1868. Als Ludwig im Jahr 1886 auf rätselhafte Weise im Starnberger

Neuschwanstein ist der Traum unzähliger Asiaten.

Luftbildaufnahme von Schloss Neuschwanstein aus östlicher Richtung

See umkam, waren nur 15 der insgesamt 200 königlichen Räume fertiggestellt, der Monarch pleite und entmündigt. Weitere geplante Prachtbauten, wie ein chinesisches Sommerschloss und ein byzantinischer Palast, kamen über eine erste Planphase nicht hinaus. Heute besichtigen das Schloss rund 1,4 Millionen Touristen jährlich. Wartezeiten von bis zu drei Stunden sind keine Seltenheit. Tagestickets gibt es am Ticket Center in Hohenschwangau. Online-Reservierungen erfordern keine Wartezeiten. Während der circa 30-minütigen Führungen können im zweiten und dritten Obergeschoss alle Wohn- und Repräsentationsräume des Königs besichtigt werden. Um nur einige zu nennen: die Thronsäle, das Speisezimmer, das Schlafzimmer, die Hauskapelle, das Wohnzimmer, das Arbeitszimmer und der Sängersaal. Ludwig II. begeisterten die Musikdramen und Schriften von Richard Wagner, vor allem die mittelalterlichen

5

Sagen, auf welche auch der Komponist zurückgriff. So wurden die Wandmalereien im Schloss von den Opern Wagners inspiriert. Sie handeln von Liebe und Schuld, Reue und Erlösung. Immer wieder tauchen Figuren auf, welche den Dichter Tannhäuser, den Schwanenritter Lohengrin und den Gralkönig Parsifal darstellen. Auch der Schwan als Symbol der Reinheit und Wappentier der Grafen von Schwangau ist häufig dargestellt.

Der Thronsaal im Schloss

Die Festung Marienberg, von Weinbergen eingerahmt

Blick von der Alten Brücke auf die Festung

Wehrhaft über dem Main

6

Festung Marienberg Würzburg

Marienberg 240
97082 Würzburg
www.schloesser.bayern.de

Das auffälligste Bauwerk Würzburgs, hoch über dem Main und von Rebhängen umgeben, ist die Festung Marienberg. Wer einigermaßen gut zu Fuß ist, sollte den Aufstieg wagen. Die 706 geweihte Marienkirche war das erste feste Bauwerk auf der Anhöhe. Die Burg kam erst ab dem Jahr 1201 hinzu, wurde im Laufe der Jahrhunderte immer weiter ausgebaut und diente den Würzburger Fürstbischöfen von 1253 bis 1719 als Amtssitz. Ab dem Jahr 1573 ließ Fürstbischof Julius Echter die Festungsanlage durch Umbaumaßnahmen deutlich verstärken. Doch es half nichts. Im Dreißigjährigen Krieg eroberte Gustav II. Adolf von Schweden 1631 die Renaissance-Festung. Seine Soldaten sprengten das Echtertor und bliesen zum Sturm. Nach dem Abzug der Schweden erfolgten weitere Erweiterungen der Burganlagen. So hielt die Festungsanlage zwei weiteren Angriffen stand (1800 Franzoseneinfall und 1866 Bruderkrieg), bevor im Jahr 1867 die Festungseigenschaft aufgegeben wurde. Heute dient die Burg hauptsächlich touristischen Zwecken. Ihr Besuch ist quasi ein MUSS für jeden Besucher. Sehenswert sind das Fränkische und das Fürstenbaumuseum und der Fürstengarten. Im Inneren Burghof befinden sich die Marienkirche, der Tiefe Brunnen und der Bergfried. Keinesfalls sollte man sich von hier oben den tollen Blick auf die Stadt und den Main entgehen lassen.

Eine Burg, umgeben von Weinhängen

Im Innern der Bischofskirche

Der Dom St. Kilian in der Fußgängerzone der Stadt

Zentrum des Bistums

7

Dom St. Kilian, Würzburg
Domstraße 43
97070 Würzburg
www.dom-wuerzburg.de

Verlässt man die Alte Mainbrücke in Richtung Innenstadt, trifft man in wenigen hundert Metern Entfernung auf die beiden schlanken Türme an der Westseite des Doms St. Kilian. Das Kirchenbauwerk ist die viertgrößte romanische Kirche Deutschlands und nicht der erste Dombau in Würzburg. Zwei Vorgängerbauten wurden durch Feuer zerstört beziehungsweise erheblich beschädigt. Im Jahr 1040 begann Bischof Bruno mit dem Bau des heutigen Doms. Es dauerte 35 Jahre, bis das Kernstück fertig war. Von einer Vollendung ließ sich aber erst sprechen, als 1255 auch die Osttürme standen. Erst viel später, im Jahr 1721, wurde mit dem Anbau der Schönbornkapelle begonnen. Johann Philipp Franz von Schönborn, der Initiator des Residenzbaus, hegte schon länger die Absicht, für sich und seine Familie eine eigene Begräbniskapelle zu errichten, welche heute mit einem Kuppelfresko und ihrem Hochaltargemälde besticht. In der Bombennacht des 16. März 1945 traf St. Kilian ein weiterer Schicksalsschlag. Die Kirche wurde schwer beschädigt, und in Folge des Luftangriffs stürzte am 20. Februar 1946 die gesamte Nordmauer ein. Die Inneneinrichtung litt besonders stark an der Bombardierung. Nur wenige Stuckdekorationen blieben erhalten. Der Chorraum musste völlig neugestaltet werden. 1967 war der Wiederaufbau abgeschlossen.

Der Dom liegt mitten in der Fußgängerzone.

Die Burgruine über der Stadt, rechts fließt die Tauber in den Main

Die Burgruine aus der Nähe des Kittsteintors betrachtet

Einst eine der größten Steinburgen

8

Burgruine Wertheim

Schlossgasse 11
97877 Wertheim
www.burgwertheim.com

Wertheim, die nördlichste Stadt Baden-Württembergs, liegt malerisch am Zusammenfluss von Main und Tauber. Wann die Stadt gegründet wurde, ist unklar. Historiker meinen, dass dies im 8./9. Jahrhundert war. Immer wieder wurde und wird die Altstadt von Hochwassern überschwemmt. Der Ruine der Burg Wertheim konnten alle Hochwasser nichts anhaben. Sie liegt auf einem schmalen Höhenrücken zwischen Main- und Taubertal. Im Jahr 1183 erstmals erwähnt, wurde sie im Dreißigjährigen Krieg zerstört. Dennoch dominiert die ehemals staufische Burganlage noch immer das Stadtbild und lädt unterjährig zu zahlreichen Klassik- als auch Rockkonzerten, Theateraufführungen und Kabarettveranstaltungen ein. Auf der Burgterrasse werden regelmäßig Jazz-Frühschoppen angeboten. Während der Burgführungen genießt man auf einem weitläufigen Rundweg eindrucksvolle Ausblicke über Stadt, Tauber und Main. Stationen auf dem geführten Rundweg (Dauer circa 1 Stunde) sind das obere Bollwerk, das Palas, der Bergfried sowie die Altane (gestützter, balkonartiger Anbau) und der Löwensteiner Bau, bevor es zum historischen Marktplatz hinab geht. Der Sage nach soll auch Martin Luther in der Adler-Herberge übernachtet haben, wo er seinen prophetischen Spruch: „Vom Feuer hat Wertheim nichts zubefahn, im Wasser aber wird's untergahn", von sich gegeben hat.

Hochwassergefährdete Stadt

Das Kurmainzische Schloss in Tauberbischofsheim

Altarerker und Fachwerk am Kurmainzischen Schloss

Klein, gemütlich, schön

9

Kurmainzisches Schloss, Tauberbischofsheim
Schlossplatz 7
97941 Tauberbischofsheim
www.burgenarchiv.de/burg_tauberbischofsheim

Wahrzeichen der Stadt Tauberbischofsheim ist der Türmersturm, im 13. Jahrhundert als Wehrturm einer ehemaligen Stadtburg errichtet. Auf einem kreisrunden Fundament wächst er knapp 30 Meter in die Höhe. Als im 16. Jahrhundert die ehemalige Stadtburg durch das Kurmainzische Schloss ersetzt wurde, ist der Türmersturm das einzige Bauwerk, das stehen blieb. Heute umschmiegt das Kurmainzische Schloss den Turm. Ein großzügig angelegter Schlosshof erinnert an die Architektur des 16. Jahrhunderts. Das Schloss, welches einst den Amtmännern der Mainzer Kurfürsten und Erzbischöfen bis 1803 als Sitz diente, ist ein Augenschmaus. An den Fassaden erkennt man reichhaltige Verzierungen wie Eckquader, an der Hoffassade einen Altarerker und viel Fachwerk. Heute beherbergt das Schloss das Tauberfränkische Landesmuseum, in dessen Räumen die Geschichte der Stadt vorgestellt wird, darunter ein Stadtmodell mit Stadtmauer und Burg, welches das ehemalige Bischofsheim aus dem 18. Jahrhundert zeigt. Dass Tauberbischofsheim einst dem zersplitterten Territorium von Kurmainz zugeschlagen war, lag an Kaiser Friedrich II., der 1237 die Stadt als Lehen an Kurmainz vergab. Heute liegt das Schloss mitten im Stadtgebiet. Zum historischen Marktplatz mit seiner Ansammlung historischer Gebäude sind es nur ein paar Gehminuten.

„Fechterstadt" und Medaillenschmiede

Die Türme der ehemaligen Klosterkirche

Reiche Barockausstattung im Innern der Kirche

Bedeutendster Sakralbau im Taubertal

10

Man kann getrost behaupten, dass im Ortsteil Gerlachsheim der Stadt Lauda-Königshofen eine regelrechte Anhäufung kunsthistorischer Sehenswürdigkeiten zu bewundern sind. Natürlich steht das ehemalige Prämonstratenser-Kloster mit seiner barocken Kirche Heilig Kreuz an erster Stelle. Besonders die Kirche – eine dreischiffige Pfeilerbasilika mit Kuppel – ist ein bemerkenswerter Barockbau in Tauberfranken. Dem Kloster angegliedert ist der Klostergarten mit seinem Teehaus. Davor steht die Rokoko-Freigruppe der Schmerzensmutter, und auch den Bildstock „Krönung Mariens" findet man hier. Die Stiftung des ehemaligen Prämonstratenserinnenklosters geht bis ins Ende des 12. Jahrhunderts zurück. Im Bauernkrieg verwüstet, wurde es im Jahr 1563 durch den Würzburger Bischof aufgelöst, da ein Großteil der Nonnen zur neuen Glaubenslehre übergetreten war. Im Jahr 1717 erfolgte die Gründung eines neuen Priorats, welches dem Männerkloster in Oberzell zugeordnet wurde. In Folge entstanden von 1721 bis 1730 ein neues Kloster und eine neue Kirche mit zwei Türmen, die heutige katholische Stadtpfarrkirche Heilig Kreuz, die mit reichen Stuckarbeiten an Decke und Seitenwänden ausgestattet wurde. Der Hochaltar und die Seitenaltäre sind wahre Prachtwerke des Barocks. Erwähnenswert ist auch der Taufstein aus dem 13. Jahrhundert. 1803 wurde der Klosterbetrieb endgültig eingestellt.

Ehemaliges Prämonstratenser-Kloster, Lauda-Königshofen

Würzburger Straße 83
97922 Lauda-Königshofen
www.lauda-koenigshofen.de

Einmalige barocke Baukunst

Das Deutschordensschloss am Rande der Altstadt

Am Eingang des Schlosses

Geschichte und Kultur entdecken

11

Deutschordens-schloss Bad Mergentheim
Schloss 16
97980 Bad Mergentheim
www.deutschordensmuseum.de

Bereits in der Jungsteinzeit waren Menschen im Taubertal sesshaft geworden. Davon zeugt ein sensationeller Fund aus dem Jahr 1939, das sogenannte Hockergrab von Althausen. Weitere Funde deuten auf eine Besiedelung auch in der Merowingerzeit (6. bis 8. Jh.) hin. Der im Jahr 1190 während der Kreuzzüge im Heiligen Land als Spitalorden gegründete Deutsche Orden ließ sich im Jahr 1219 im Deutschordensschloss in Mergentheim nieder und entwickelte sich zum Ritterorden. Heute steht das Deutschordensschloss am Rande der Altstadt, nur wenige hundert Meter vom historischen Marktplatz entfernt. Man schrieb das Jahr 1058, als erstmals eine Burg in Mergentheim erwähnt und im 12. Jahrhundert ausgebaut wurde. Sie gehörte denen von Hohenlohe. 1219, gerade von einem Kreuzzug zurückgekehrt, schenkten Heinrich, Andreas und Friedrich von Hohenlohe ihre Wasserburg dem neu gegründeten Deutschen Orden. Im Jahr 1339 wurde die Anlage erweitert und in der Folgezeit zur bevorzugten Residenz der Landesmeister des Ordens in Deutschland. Zwischen 1528 und 1628 schließlich wurde die Burg zum Schloss umgebaut. In dieser Zeit entstand 1574 die berühmte Bewart-Treppe mit der freitragenden Spindel. Heute beherbergt das Schloss das Deutschordensmuseum, welches Aufschluss über die Geschichte der Stadt, des Ordens und des Schlosses gibt.

Sehenswert ist auch der Wildpark.

Ein Teil der Orangerie am Ende des Schlossgartens

Im Garten des Renaissanceschlosses Weikersheim

Stammsitz des Hauses Hohenlohe

12

Renaissanceschloss Weikersheim
Marktplatz 11
97990 Weikersheim
www.schloss-weikersheim.de

„Klein, aber fein" – das ist der Slogan, mit dem das historische Städtchen Weikersheim für sich wirbt. „Vom Allerfeinsten", muss man bestätigen, wenn man das Renaissanceschloss und den prachtvollen Barockgarten besucht. Bereits seit dem Mittelalter residierten die Grafen von Hohenlohe im Schloss Weikersheim. Der Adelsfamilie gehörten damals eine Vielzahl an Schlössern im heutigen Baden-Württemberg. Von hier aus übten sie ihren Einfluss aus und gestalteten die Region über Jahrhunderte hinweg. Nicht immer war das Leben im Schloss das reinste Zuckerlecken. Die Adelsfamilie lebte meist über ihre Verhältnisse. Als die Kasse mal wieder gähnend leer war, sah sich die Hofverwaltung veranlasst, einige Einsparungsvorschläge zu unterbreiten. Darunter war ein besonders amüsanter Rat: „Wenn der Trompeter mit Tod abgehet, so könnte dessen Stelle auch unersetzt bleiben", lautete er. Die Antwort des Grafen: „Ja! Und zwar je ehender, je beßer." Bei solchen Verhältnissen darf man sich wundern, welch einmaliger Glanz aus den Zeiten der Renaissance und des Barocks bis heute erhalten blieb. Am Ende des 18. Jahrhunderts starb der Familienzweig, der in Weikersheim residierte, aus. Schloss und Garten gelangten in den 1960er Jahren in den Besitz des Landes Baden-Württemberg. Die Anlage ist ein wahrer Augenschmaus.

Traumhaftes Schloss, traumhafter Schlosspark

Die Kulisse der Frankenfestspiele

Die rückwärtige Seite von Burg Brattenstein

Ort der Frankenfestspiele

13

Fränkischer Weinort an der Tauber. Diese Worte charakterisieren das historische Städtchen treffend. Ehemals vierzehn hohe Wehrtürme schmückten die Stadtmauer, von denen noch sieben erhalten sind. Überragt wird der Ort von der sagenumwobenen Burg Brattenstein, deren älteste Gebäude aus dem 12. und 13. Jahrhundert stammen und Sitz verschiedener Adelsgeschlechter waren. Auch die Herren von Hohenlohe residierten zeitweise auf der Festung, welche sie im Jahr 1345 an das Hochstift Würzburg verkauften. Im Rahmen der Säkularisation gelangte sie später in staatliches Eigentum. Heute ist die Burg im Besitz der Stadt Röttingen. Ihr Innenhof und die Zehntscheune dienen seit 1984 als romantischer Schauplatz der alljährlich stattfindenden Frankenfestspiele. Jedes Jahr, von Ende Juni bis Mitte August, dürfen sich die Gäste, bei entspannter Atmosphäre, Wein und so manchen kulinarischen Genüssen, auf ein Potpourri von Musical, Operette, Schauspiel, Komödie, Lesungen und Konzerten freuen. An den Adventsonntagen glänzt die Burg mit Weihnachtszauber. Seit Anfang der 80er Jahre war der bekannte Theatermacher Veit Relin auf der Suche nach einem neuen Festspielort. Nachdem der damalige Bürgermeister der Stadt den Innenhof der Burg für die Theaterspiele zur Verfügung stellte, war der Grundstein für das inzwischen weithin bekannte Freilichttheater gelegt.

Wein und Spiele

Burg Brattenstein, Röttingen

Herrenstraße 1
97285 Röttingen
www.burgenwelt.org/deutschland/brattenstein
www.frankenfestspiele.de

Der Creglinger Marienaltar in voller Pracht

Sehenswerte Altäre

14

Herrgottskirche Creglingen
Herrgottskirche 1 A
97913 Creglingen
www.herrgottskirche.de

Die im Jahr 1389 geweihte Herrgottskirche in Creglingen beherbergt in ihren Mauern eines der Hauptwerke des berühmten Bildhauers Tilman Riemenschneider: Den Creglinger Marienaltar, der zwischen 1490 und 1510 entstanden sein soll. Mit seinen beeindruckenden Ausmaßen von 9,20 Metern Höhe und fast drei Metern Breite besteht er aus seinem steinernen Sockel, dem Mittelschrein, zwei Seitenflügeln und dem geschnitzten Zieraufsatz. Wurde der Schrein von dem begnadeten Künstler aus Föhrenholz herausgearbeitet, sind die Figuren darin aus weicherem Lindenholz geschnitzt. Im Gesprenge darüber ist die Krönung Mariens zu sehen, und über allem steht der auferstandene Christus. In den Seitenflügeln hat Riemenschneider die Ankündigung der Schwangerschaft Mariens, die Geburt Jesus, Jesus im Tempel und die Begegnung Marias mit Elisabeth verarbeitet. Der Marienaltar ist nicht die einzige Kostbarkeit in der Kirche.

Ein Ort, an dem Himmel und Erde sich berühren

Der sehenswerte Hochaltar im Chor aus der zweiten Hälfte des 15. Jahrhunderts wurde von unbekannten Künstlern geschaffen. Die beiden linken und rechten Seitenaltäre stammen ebenfalls aus dieser Zeit und sind der heiligen Maria, Johannes dem Täufer und dem Heiligen Leonhard gewidmet. Die Legende besagt, dass die Herrgottskirche erbaut wurde, weil ein Bauer beim Pflügen an diesem Ort eine unversehrte Hostie fand.

Der historische Marktplatz mit Rathaus

Das Fleisch- und Tanzhaus sowie das Jagstheimerhaus

Rundumblick vom Rathausturm

15

Historischer Marktplatz mit Rathaus Rothenburg

91541 Rothenburg ob der Tauber
www.rothenburg.de

Im Jahr 960 als erste Siedlung im Taubertal gegründet und 1274 zur Reichsstadt erhoben, ist Rothenburg ob der Tauber auch heute noch eine der schönsten mittelalterlichen Städte Deutschlands.
Zentraler Punkt in der Stadt ist der Historische Marktplatz mit dem Rathaus, welches aus zwei Teilen besteht. Der hintere gotische Teil ist zwischen 1250 und 1400 entstanden. Der jüngere Teil, im Renaissancestil erbaut, kam zwischen 1572 und 1578 hinzu und wurde von dem einheimischen Baumeister Leonhard Weidmann entworfen und gebaut. Der barocke Arkadengang davor datiert um das Jahr 1680. Bleibt noch der 60 Meter hohe Rathausturm zu erwähnen, der eine begehbare Aussichtsplattform bietet, welche über den Haupteingang erreichbar ist.
Der Marktplatz ist das Herz der Stadt und einer ihrer schönsten Seiten, rundum gespickt mit wundervollen Patrizierhäusern. Hier ziehen Ritter auf ihren Pferden vorbei, wenn der alljährliche „Meistertrunk" zur Pfingstzeit im Kaisersaal des Rathauses aufgeführt wird. Dann herrscht in der Stadt Lagerleben und Markttreiben. Der Duft von gebrannten Mandeln und Glühwein liegt in der Luft, wenn zur Weihnachtszeit der romantische „Reiterlesmarkt" Gäste aus nah und fern anlockt. Dann werden auch einheimische Spezialitäten angeboten, wie die Rothenburger Schneeballen.

Eine Stadt wie aus dem Mittelalter

Motiv auf dem Heilig-Blut-Altar

Der Hauptaltar der Stadtpfarrkirche

Wo der Heilig-Blut-Altar zu sehen ist

16

Stadtpfarrkirche St. Jakob, Rothenburg

Klostergasse 15
91541 Rothenburg
ob der Tauber
www.rothenburg.de

Unweit des Marktplatzes steht die evangelische Stadtpfarrkirche St. Jakob aus dem Jahr 1311, welche besonders durch diverse Altäre bekannt ist. Hervorzuheben ist hierbei der Heilig-Blut-Altar von Tilman Riemenschneider, mit der Darstellung des Abendmahls im Schrein, dem Einzug in Jerusalem (rechter Flügel) und dem Ölberg (linker Flügel). Das zwischen den Jahren 1499 bis 1505 entstandene Kunstwerk enthält im Gesprenge eine Bergkristallkugel, in welcher die Reliquie aufbewahrt wird. Es soll sich dabei um einen während des Abendmahls verschütteten Tropfen Wein handeln, der durch die Wandlung zum Blut Christi wurde. Wer den Heilig-Blut-Altar bewundern will, muss sich ein paar wenige Stufen die Westempore hinaufbegeben. Ebenerdig steht im Ostportal der Hauptaltar, auch Zwölfapostelaltar genannt. Die Gemälde stammen von Friedrich Herlin, mit der ältesten Darstellung Rothenburgs, die den Marktplatz um 1466 zeigt. Weiterhin besitzt die Kirche mit den zwei unterschiedlich hohen Türmen mit 5.500 Pfeifen eines der größten Orgelwerke Bayerns. Bemerkenswert sind auch die wunderbaren Glasgemälde in den 17 Meter hohen Glasfenstern des Ostchores, welche Eindrücke aus dem Marienleben, dem Leben und Leiden Christi sowie dem Erlösungswerk Jesu in den Sakramenten vermitteln. Die ältesten stammen aus dem Jahr 1350.

Meisterwerk in der Westempore

Das Plönlein bei Tag

... und bei Nacht

Meistfotografiertes Stadtmotiv

17

Läuft man vom Marktplatz in Rothenburg ob der Tauber die Obere und die Untere Schmiedgasse bergabwärts, stößt man nach wenigen hundert Metern auf das meistfotografierte und bekannteste Postkartenmotiv der mittelalterlichen Stadt. Es ist das Plönlein, ein historischer Platz, dessen Name aus dem Lateinischen (planum) kommt und so viel wie „ebener Platz" bedeutet. Meist stehen die Hobbyfotografen aus aller Welt dort auf Höhe des historischen Hotels „Goldener Hirsch", in der Nähe, wo rechterhand die „Kobolzeller Steige" hinab zum Kobolzeller Tor führt. Was macht das Plönlein so beliebt? Es ist das Ensemble, welches sich an dieser Stelle so harmonisch zusammenfügt. Da steht das schmale, ockerfarbene Fachwerkhaus, mit dem kleinen Brunnen davor, links vom Siebersturm und rechts vom tiefer stehenden Kobolzeller Tor eingeschlossen. Beide Türme werden aus Sicht des Fotografen beidseitig von hübsch hergerichteten Bürgerhäusern umrahmt. Das Kobolzeller Tor ist Teil der alten Wehranlage und wurde um das Jahr 1360 erbaut. Damit ist es älter als die Ringmauer der Stadt. 1727 wurde es umgebaut. Das Sieberstor, welches seinen Namen durch einen benachbarten Siebmacher erhielt, und vor 1602 Äußeres Gelbsatteltor hieß, trennt die Rothenburger Innenstadt von der im Spätmittelalter errichteten Vorstadt am Spital.

Der schönste Platz der Stadt

Plönlein Rothenburg

vom Marktplatz der Oberen Schmiedgasse folgen
91541 Rothenburg ob der Tauber
www.rothenburg.de

Ehemalige Unterkunft der Fremdenlegion

Im Hof von Schloss Schillingsfürst

Die Wiege der Fremdenlegion

18

Barockschloss Schillingsfürst
Am Wall 14
91583 Schillingsfürst
www.schloss-schillingsfürst.de

Kaum jemand, der nicht schon von der sagenhaften Elitetruppe gehört hat. Doch wer weiß schon, dass die Wiege der französischen Fremdenlegion ausgerechnet im fränkischen Schillingsfürst liegt? Als im Jahr 1789 die Französische Revolution ausbrach und die Bauern sich gegen die Feudalherrschaft der königlichen Hofhaltung erhoben, flohen viele Adelige ins Ausland. Einige von ihnen zog es auch in das fränkische Schillingsfürst. Hier hatte der Adelige Fürst Karl Albrecht ein Jesuitenkolleg erbauen lassen, damit die adelige Jugend in Französisch, Mathematik und Philosophie unterrichtet werden konnte. Das gefiel den geflohenen französischen Feudalherren. Bald veranstalteten sie Theater- und Opernaufführungen und hielten große Gesellschaften, wie sie es vom feudalabsolutistischen Frankreich her kannten. Doch bald wollten sie ihre alten Pfründe in der Heimat zurückhaben. So unterstützten sie die Gegenrevolution und gründeten die „Legion Mirabeau", welche zum Hohenlohischen Truppenkorps ernannt wurde. Bald standen zwei Regimenter mit jeweils 2.000 Soldaten bereit, welche von französischen Royalisten aufgestellt wurden. Im Jahr 1831 gingen die Regimenter in der französischen Fremdenlegion auf. Zur Erinnerung daran wurde am 13. Juni 2015 im Schloss Schillingsfürst ein kleines Museum eingerichtet. In den ehemaligen Soldatenunterkünften ist heute das Schloss-Café untergebracht.

Freiheit, Gleichheit, Brüderlichkeit

Marktplatzensemble in Feuchtwangen

Der schmucke Marktbrunnen der Stadt

Der Festsaal Frankens

19

Historischer Marktplatz Feuchtwangen
Marktplatz
91555 Feuchtwangen
www.marktplatz-feuchtwangen.de

Als „Festsaal Frankens" bezeichnete der Kunsthistoriker Georg Dehio den historischen Marktplatz in der Festspielstadt Feuchtwangen. Er ist Mittelpunkt des Stadtkerns. Mit dem ehemaligen Rathaus, den stattlichen Bürgerhäusern und den altertümlichen Fachwerkgebäuden hinterlässt er den Eindruck einer wunderbar anzusehenden, inszenierten Geschlossenheit. Schmuckstück des Platzes ist der still dahin plätschernde, 1727 erbaute barocke Röhrenbrunnen, auf dessen Brunnensäule sich die Göttin Minerva als Beschützerin des heimischen Gewerbes präsentiert. Die farbenprächtigen Wappen Brandenburgs und Württembergs sowie der Reichsadler und das Stadtwappen ergänzen das Ensemble. Genau wie Dinkelsbühl und Rothenburg ob der Tauber gehört auch Feuchtwangen mit seiner 1.200-jährigen Geschichte zu den historischen Städten des Romantischen Frankens. Aus einem fränkischen Königshof und dem Anfang des 8. Jahrhunderts erstmals erwähnten Kloster der Benediktiner, wurde Feuchtwangen 1197 ein Kollegiatstift. Um 1200 erhielt es den Status einer Reichsstadt. Doch 1379 übertrug der Bischof von Augsburg die Pflegschaft über das Stift an den Nürnberger Burggraf Friedrich V. Der wiederum verpfändete den erworbenen Besitz wenige Monate später an Karl IV. Der Status der Reichsstadt war damit für alle Zeiten passé.

Stadt der Kreuzgang-Festspiele

Das Münster St. Georg

Im Innern von St. Georg

Eine der schönsten Hallenkirchen

20

Münster St. Georg, Dinkelsbühl

Weinmarkt
91550 Dinkelsbühl
www.st-georg-dinkelsbuehl.de

Als eine der schönsten spätgotischen Hallenkirchen mit romanischem Turmportal bezeichnen Experten das Münster St. Georg in Dinkelsbühl, das zwischen den Jahren 1448 und 1499 entstand. Der 65 Meter hohe Turm, von einer Vorgängerkirche aus den Anfängen des 13. Jahrhunderts übernommen, trägt sechs Glocken. Die Älteste stammt aus dem Jahr 1373, die Jüngste von 1786. Mehr als 200 Stufen muss man nehmen, wenn man die Aussichtsplattform erreichen will. Das Innere der dreischiffigen Kirche ist auffällig lichtdurchflutet, und der verwendete Sandstein verleiht den Innenwänden einen freundlichen Farbton. Das Kreuzrippengewölbe wird von elf Pfeilerpaaren getragen. Neben dem Hochaltar (um 1490), der eine figurenreiche Kreuzigungsszene zeigt, gibt es noch weitere fünf Seitenaltäre, Diese sind der Sebastiansaltar (1520), der Dreifaltigkeitsaltar (1500) im südlichen Seitenschiff, der Kreuzaltar (1470), der neugotische Josefsaltar im nördlichen Langhaus und der gotische Ziborienaltar (1490) hinter dem Hauptaltar im Chorumgang.

Eine Kirche der Altäre

Für eine kleine Stadt wie Dinkelsbühl erscheint das Gotteshaus riesig. Das Kirchenschiff misst 77 Meter in der Länge, 23 Meter in der Breite und 21 Meter in der Höhe. Dass schon im Spätmittelalter „Sponsoring" nicht unbekannt war, zeigt das Brezelfenster, welches von der Bäckerzunft gestiftet wurde. Die Brezen stehen für Bürgersinn und Bürgerstolz.

Die Pest- oder Dreifaltigkeitssäule, dahinter St. Alban

Wo der Hund wacht und Pfeile fliegen

21

Pest- oder Dreifaltigkeitssäule in Wallerstein

Hauptstraße
86757 Wallerstein
www.markt-wallerstein.de

Als im Jahr 1720 im fernen Marseille die Pest ausbrach, befürchtete der damalige Wallersteiner Graf Anton Karl von Oettingen-Wallerstein, dass sich die Seuche bis in seinen Heimatort ausbreiten könnte. Von Furcht getrieben, gab er das Versprechen ein Denkmal zu stiften, sollte Wallerstein von der Seuche verschont bleiben. So kam es. Aus Dankbarkeit ließ er zwischen 1722 bis 1725 eine Pest- oder Dreifaltigkeitssäule errichten. Der reiche Figurenschmuck zeigt zu Füßen der Dreifaltigkeit die heilige Marie sowie die Heiligen Rochus, Sebastian und Antonius von Padua. Eine Inschrift gibt Rätsel auf. Sie lautet: „Hier wacht der Hund / verteidigen die Pfeile / (und) heilen die Lilien, so helfen Lilien, Pfeile (und) der Hund." Was haben Lilien, Pfeile und ein Hund mit der Pest zu tun? Eine Erklärung gibt es nicht. Forscht man etwas nach und verbindet die dargestellten Heiligen mit dem Geist des gräflichen Stifters, kann es nur eine Erklärung geben: Die weiße Lilie steht für die Reinheit der Jungfrau Maria, welche vor den Pestpfeilen schützen soll, die als Strafe Gottes von Engeln abgeschossen werden. Die Pestheiligen Rochus, Sebastian und Antonius wurden im Mittelalter häufig zum Schutz gegen die Seuche angerufen. Und der Hund? Im Stammwappen der von Oettingen-Wallerstein wacht ein starker Hund mit breiten Ohren, der die Jagdgerechtigkeit symbolisiert.

Schutz gegen den schwarzen Tod

Kreisförmig umschließt die Stadtmauer die Altstadt

Auf der Stadtmauer unterwegs

22

Durchgängig begehbar

Stadtmauer Nördlingen

An der Löpsinger Mauer 3
86720 Nördlingen
www.noerdlingen.de

Einmal auf einer mittelalterlichen, kreisrunden Stadtmauer, mit fünf wehrhaften Toren und zwölf integrierten Türmen, knapp drei Kilometer ganz herumzulaufen, das kann man in keiner anderen deutschen Stadt. Verständlich, dass Nördlingen mit dem Slogan „Die schönsten Ecken sind rund" wirbt. Dass die Stadt auch heute noch über dieses wunderschöne, ausgeprägt mittelalterliche Stadtbild verfügt, geht auf den Dreißigjährigen Krieg zurück. Es war im Jahr 1634, einem Schicksalsjahr für die Stadt, als sich vor ihren Toren die Schlacht bei Nördlingen ereignete und das schwedisch-protestantische Heer eine empfindliche Niederlage erlitt. Es dauerte bis zum Ende des 19. Jahrhunderts, bis sich die Region von den hohen Bevölkerungsverlusten erholt hatte. Die Stadt verfiel in eine Art „Dornröschenschlaf". An Neuinvestitionen oder Umbauten war nicht zu denken. So blieb auch die Stadtmauer mit ihren voll begehbaren Wehrgängen stehen. Heute erzählt das Stadtmauermuseum im Löpsinger Turm die Geschichte der einzig vollständig erhaltenen Wehrmauer Deutschlands und zeigt eine Darstellung der Schlacht bei Nördlingen sowie ein großes Modell der Stadtmauer. Alle drei Jahre feiert man in der Stadt das Historische Stadtmauerfest. Dann tummeln sich in der Stadt Musiker, Gaukler, historische Handwerker, Zauberer und Artisten und so manch anderes Gesinde.

Ein Kreis voller Türme und Tore

St. Georg mit dem mächtigen Kirchturm Daniel

Die Kirche mit dem „Daniel"

23

Spätgotische Hallenkirche St. Georg

Pfarrgasse
86720 Nördlingen
www.noerdlingen.de

Inmitten der stadtmauerumringten Altstadt steht die Kirche St. Georg. Ihr mächtiger, 90 Meter hoher Turm ist von überall aus zu sehen. 1454 wurde mit seinem Bau begonnen. Es dauerte ein halbes Jahrhundert, bis er mit einem Notdach versehen wurde. 1537 zerstörte ein Blitzschlag das Dach. Bald darauf wurde der Glockenturm mit Türmerstube, Bett, Ofen, Toilette und Kochecke vollendet. Man nannte den Turm simpler Weise „Stain". Dann wurde er auf „Wendelstein" umgetauft. Ein Bibelzitat brachte ihm schließlich seine heutige Bezeichnung „Daniel". Dort heißt es: „Und der König erhöhte Daniel und gab ihm große und viele Geschenke und machte ihn zum Fürsten über die ganze Landschaft …" Der Turm war für Nördlingen von hoher Bedeutung. Ständig war er von zwei Wächtern besetzt. Um sicher zu gehen, dass sie auch nachts ihre Posten bezogen hatten, mussten sie „So, G'sell, so" rufen. Bis heute schallt dieser Ruf zwischen 22 und 24 Uhr alle halbe Stunde vom Turm. Seit 2010 hat Daniel einen ständigen Wächter. Eines Tages war eine Katze da, die bald den Spitznamen „Wendelstein" abbekam. Da sie die schmutzenden Tauben auf dem Turm vertreibt, und die Stadt ihr das Futter spendiert, ist sie geblieben. So begrüßt sie die Besucher des Turms mit freudigem Schnurren, fühlt sich in der Turmstube offensichtlich recht wohl und sieht sich Nördlingen von oben an.

Ein Wächter namens Wendelstein

Die Burg thront über der Stadt

Im Burghof der Harburg

Unberührt und besterhalten

24

Burganlage Harburg

Burgstraße
86655 Harburg
www.burg-harburg.de

Hoch über der gleichnamigen Stadt steht die älteste und besterhaltene Burganlage Süddeutschlands. Ihre Geschichte geht bis in das Jahr 1150 zurück. Eine Besichtigung der einst staufischen Reichsburg bringt ihre Geschichte und die der Grafen von Oettingen eindrucksvoll zurück. In ihrer mehr als 800-jährigen Geschichte vereinen die Gemäuer der Burganlage verschiedene Stilepochen in sich. Romantik, Gotik, Renaissance und Barock treten hier zutage. Die Harburg überstand alle kriegerischen Wirren. Kaiserliche und königliche Berühmtheiten waren zu Gast. Von hier aus eilte der 13-jährige Staufer Heinrich, Sohn König Konrads III., dem durch Welf VI. belagerten staufischen Flochberg zu Hilfe und fügte den Belagerern eine empfindliche Niederlage bei. 1295 wurde die Burg von König Adolf von Nassau an die Grafen von Oettingen verpfändet. 1418 sprach ihnen Kaiser Sigmund das Eigentum zu. Im Jahr 1731 ging dieses an die Linie der von Oettingen-Wallerstein über. Seit dem Jahr 2000 ist die Burg im Besitz und Eigentum der „Gemeinnützigen Fürst zu Oettingen-Wallerstein Kulturstiftung". Die Schlosskirche St. Michael, der prachtvolle „Fürstensaal", Wehrgänge, Türme und Erker liegen ebenso auf dem Rundgang wie der historische Gerichtssaal und das Speise- und Jagdzimmer. In der Nähe des Amtspflegerhauses erhascht man einen wunderbaren Blick auf die Stadt.

Im Herzen von Bayerisch-Schwaben

Das Deutschordenshaus in Donauwörth

25

Helfen, heilen, wehren

Deutschordens-schloss Donauwörth
86609 Donauwörth
Kapellstraße 3
www.donauwoerth.de

Ein zierlicher Turm mit Laterne verrät den Standort des Deutschordenshauses, welches zwischen 1774 bis 1778 unter dem Komtur Freiherr von Riedheim erbaut wurde. Der Deutsche Orden, 1190 als Orden der Brüder vom Deutschen Hospital Sankt Mariens in Jerusalem gegründet, engagierte sich schon viel früher in der Stadt. Im Jahr 1214 erhielt er von König Friedrich II. eine von den Bürgern erbaute Kapelle. Hier, am Brückenkopf der alten Donaubrücke, sollte sich der Orden um die Pilger kümmern, welche den Fluss überquerten. Als im Jahr 1332 der Komtur Heinrich von Zipplingen mit seinem kompletten Konvent nach Donauwörth zog, vergrößerte er die Kapelle. Wie die Gedenktafel am Eingang des Deutschordenshauses mitteilt, leistete hier 1696 das kaiserliche Infanterie-Regiment „Teutschmeister zu Fuß" den Fahneneid, um anschließend nach Wien eingeschifft zu werden. Das Regiment wurde in Franken angeworben und sammelte sich in Donauwörth. Es kämpfte unter der Führung von Prinz Eugen im Großen Türkenkrieg (1683 bis 1699) auf Seiten der Heiligen Liga europäischer Mächte gegen das Osmanische Reich. Im Jahr 1697 brachte Prinz Eugen den Türken eine fürchterliche Niederlage bei, als sie bei Zenta die Theiß überquerten. Heute befindet sich im ersten Stock des Hauses die „Städtische Kunstgalerie".

Auf in den Türkenkrieg!

Der mächtige Turm der Wallfahrtskirche

Kloster- und Wallfahrtskirche Heilig Kreuz

Kreuzreliquie aus Konstantinopel

26

Kloster- und Wallfahrtskirche Heilig Kreuz Donauwörth

Heilig-Kreuz-Straße 19
86609 Donauwörth
www.donauwoerth.de

Am oberen Ende der Reichsstraße liegt die barocke Kloster- und Wallfahrtskirche Heilig Kreuz. Einst als Benediktinerkloster gegründet, erhielt das Kloster im Jahr 1030 als Gründungsgabe einen Teil vom Kreuz Christi, welchen Mangold I. von Werd aus Konstantinopel mitbrachte. Da die Anlage im Dreißigjährigen Krieg starke Schäden erlitt, wurde die Kirche ab 1717 im spätbarocken Stil neu errichtet. In diesem Zusammenhang ist auch die Geschichte der „Röls-Buben" interessant. Am 7. Juli 1717 wurde in Anwesenheit von Reichsprälat Rogerius Röls, Abt des Zisterzienserklosters Kaisheim, seiner Brüder Amandus, Abt des Benediktinerklosters Heilig Kreuz und Johann Georg, Bürgermeister in Donauwörth, der Grundstein für den neuen Kirchenbau gelegt. Als der junge Amandus im Alter von 28 Jahren zum Abt des Klosters Heilig Kreuz gewählt wurde, befand sich das Kloster in einem desolaten Zustand.

Auch Napoleon Bonaparte übernachtete hier.

Doch der junge, tatkräftige Abt zeigte Ausdauer. Schon drei Jahre später waren die Außenarbeiten abgeschlossen, sodass mit den Innenarbeiten begonnen werden konnte. Man sagte ihm nach, dass er sein Wappen mit Bedacht gewählt hatte. Es zeigt auf der linken Seite drei Pappeln als Sinnbild der Beharrlichkeit und auf der rechten Hälfte einen Kranich auf einem Bein stehend, einen Stein in der freien Kralle haltend, als Zeichen der Wachsamkeit.

Das historische Rathaus mit Tilly-Denkmal

Teilansicht der Rathausfassade

Reinschau'n in Rain

27

Rain ist bekannt durch seine Blumenpracht, Parks und Gärten. Der „Rainer Grüngürtel" umschließt die gesamte Altstadt. Auch geschichtlich hat Rain einiges zu bieten. 1632 fand hier die Schlacht bei Rain statt, in welcher der berühmte kaiserliche Feldherr Graf Johann Tserclaes Tilly auf das Heer des Schwedenkönigs Gustav Adolf traf. Er wollte die Schweden daran hindern, den Lech zu überqueren. Doch die Schweden behielten die Oberhand und siegten. Graf Tilly wurde von einer Kugel im rechten Oberschenkel getroffen und verstarb am 30. April an seinen Verletzungen. Noch heute erinnert das Tilly-Denkmal vor dem Rokoko-Rathaus an seinen Tod. Ringsum und entlang der Hauptstraße stehen stolze Bürgerhäuser aus dem 17. und 18. Jahrhundert. Die Straße führt auch vorbei am Marienbrunnen und hin zum beeindruckenden Rathaus, welches der „Hingucker" am Marktplatz ist. Sein Vorgängerbau musste wegen starker Kriegsbeschädigungen abgerissen und erneuert werden. So entstand zwischen den Jahren 1759 und 1762 der heutige Bau mit dem geschweiften Volutengiebel und dem schlanken Giebelturm. Im Stadtzentrum steht außerdem die Allerheiligenkapelle mit einem eindrucksvollen barocken Hochaltar. Im dortigen Karner haben sich Gebeine und Schädel von rund 2.500, zwischen dem 14. und 18. Jahrhundert verstorbenen, Bürgern angesammelt.

Wo der kaiserliche Heerführer den Tod fand

Rainer Kostbarkeiten
Hauptstraße
86641 Rain
www.rain.de

Das ehemalige Schloss in Rain

Spätgotik aus dem 15. Jahrhundert

28

Ehemaliges Schloss Rain
Schlossplatz 2
86641 Rain
www.schlosstuben-rain.de

Das Rainer herzogliche Schloss liegt in der äußersten Nordostecke der Altstadt. Der spätgotische Bau, entstanden zwischen 1392 und 1421, wurde vom Wittelsbacher Herzog Stefan III. anstelle einer zerstörten Burg begonnen. Vollendet wurde der Bau im Jahr 1421 durch seinen Sohn, Herzog Ludwig den Bärtigen von Bayer-Ingolstadt. Ursprünglich als Dreiflügelanlage konzipiert und von einem breiten Wassergraben umgeben, konnte das Schloss nur über eine Zugbrücke betreten werden. Diese Charaktereigenschaft ist heute kaum noch erkennbar, da die Gräben im Jahr 1960 hinterfüllt wurden. Da das Schloss von den bayerischen Herzögen beziehungsweise Kurfürsten kaum zu Wohnzwecken genutzt wurde, diente es hauptsächlich als Amtssitz des Rainer Landrichters, später des Amtsgerichtsdirektors. Auch dunkle Zeiten musste das Schloss überstehen, als 1719 der Hexerei angeklagte Bürgerinnen gefoltert, enthauptet und deren Leichen verbrannt wurden. Während des Spanischen Erbfolgekrieges wurde das Schloss als Reiterkaserne genutzt. Im Dritten Reich traf sich in den Schlossgebäuden der Bund Deutscher Mädels, und nach 1945 dienten die Gebäude heimatvertriebenen Familien als Unterkunft. In den 70er Jahren beherbergte das Gebäude die neu gegründete staatliche Realschule. Heute ist das Schloss Domizil für verschiedene Vereine.

Wo einst Hexen verbrannt wurden

Deckenausschnitt im Goldenen Saal des Rathauses

Das Augsburger Rathaus mit dem Perlachturm

Wo die goldenen Zeiten herrschten

29

Rathaus Augsburg und Perlachturm

Rathausplatz 2
86150 Augsburg
www.augsburg.de

Mittelpunkt Augsburgs ist das bekannte Renaissanceensemble, bestehend aus dem protzigen Rathaus, dem schlanken Perlachturm und dem Augustusbrunnen, auf dem der Gründer der Stadt, der römische Kaiser Augustus, in Richtung seiner Heimat Italien deutet. Ist die drittgrößte Stadt Bayerns die Stadt der Renaissance, die Friedens-, Brecht-, oder Mozartstadt? Oder ist es die Stadt der Augsburger Puppenkiste, der historischen Wasserwirtschaft, oder ist es doch „nur" die Fuggerstadt?
Die Fuggerei war längst gegründet, als zwischen 1615 und 1620 das Augsburger Rathaus entstand. Die Ausstattung des Prachtsaales im zweiten Obergeschoss, des „Goldenen Saales" mit seinen 14 Metern Raumhöhe, 552 Quadratmetern Grundfläche, der prachtvollen Kassettendecke und der reichhaltigen Auszierung mit Blattgold, zog sich noch bis 1643 hin. Auf die golden glänzenden Portale von geschnitzten, ebenfalls vergoldeten Figuren fällt das Licht durch 60 Fenster und taucht den Raum in eine mystische Atmosphäre. Gleich neben dem Rathaus steht der Perlachturm. Ursprünglich wurde er 989 als Wachtturm erbaut und 1616 auf 70 Meter erhöht. Seine heutige Funktion als Kirch- und Glockenturm der Hallenkirche St. Peter und Paul am Perlach erhielt er erst später. 258 Stufen führen zu der Aussichtsplattform in rund 60 Metern Höhe empor.

Die Fugger prägten Augsburg.

Der Hohe Dom in Augsburg

Der Augsburger Dom von Innen

Ursprünge im 8. Jahrhundert

30

Dom Augsburg
Hoher Weg 30
86152 Augsburg
www.bistum-augsburg.de

Der Hohe Dom Mariä Heimsuchung ist durch die Romantik und Gotik geprägt. Erste kirchliche Großbauten an dieser Stelle gehen in das 5. bis 8. Jahrhundert zurück. Der Neubau der heutigen Anlage begann etwa ab dem Jahr 995 und vollzog sich in verschiedenen Bauetappen. Erst 1431 konnte der Ostchor geweiht werden. Weitere Aus- und Umbauarbeiten folgten bis in das 19. Jahrhundert hinein. Besonders erwähnenswert sind die wohl ältesten Kirchenfenster der Welt, mit den prunkvollen Glasgemälden im südlichen Mittelschiff. Schwere Zeiten erlebte der Dom während der Reformationszeit. Vom 20. Auf den 21. Oktober verließ Martin Luther die Stadt, da er einen Ketzerprozess fürchtete, denn einen Tag später brachten Reisegefährten von ihm an den Portalen des Mariendoms die notariell beglaubigte „Appellation von dem übel unterrichteten an den besser zu unterrichtenden Papst" an. Bald standen die Domprediger „fast auff des Luthers seitten". Ab 1537 wurde im Dom zehn Jahre lang evangelisch gepredigt, da der Große Rat der Stadt der „papistischen Abgötterey" ein Ende machte. Das Domkapitel wich nach Dillingen aus. Doch unter dem Habsburger Karl V., Kaiser des Heiligen Römischen Reiches, Verteidiger und Reformator der römisch-katholischen Kirche, kehrten Bischof und Domkapitel am 18. Juli 1547 wieder nach Augsburg zurück.

Unsichere Zeiten während der Reformation

Der Chor in der Kirche St. Ulrich und Afra

St. Ulrich und Afra am Ende der Maximilianstraße

Doppelkirche als Symbol der Ökumene

31

St. Ulrich und Afra

Ulrichsplatz 19
86150 Augsburg
www.ulrichsbasilika.de

Am Augsburger Ulrichsplatz trifft man auf ein seltenes Kirchenensemble. Dort stehen die katholische Basilika St. Ulrich und Afra und die Evangelische Ulrichskirche. Beide Gotteshäuser sind aneinandergebaut, wobei der evangelische Sakralbau ursprünglich als Vorhalle zur Basilika errichtet wurde. Der Ort, an dem die Kirchen stehen, lag einst vor den Toren der alten Stadt. Vorgängerbauten wurden durch die Einfälle der Ungarn und Brände zerstört. Beide Kirchenhäuser sind nach dem heiligen Ulrich benannt, der 923 von König Heinrich I. zum Bischof von Augsburg ernannt wurde. Die katholische Basilika trägt zusätzlich den Namen der heiligen Afra, einer ehemals afrikanischen Prostituierten, die von Bischof Narcissus von Gerona zum Christentum bekehrt wurde. Im Rahmen der Christenverfolgung unter Kaiser Diokletian wurde sie in Haft genommen und im Jahr 304 durch das Schwert hingerichtet. Die Gebeine der im Jahr 1064 heiliggesprochenen Afra ruhen heute in der Bartholomäus-Kapelle von St. Ulrich und Afra. Die Basilika wurde seit dem 7. Jahrhundert in mehreren Phasen erbaut. Ab dem 11. Jahrhundert entstand das Benediktinerkloster. Im Rahmen der Reformation löste sich die Pfarrgemeinde immer stärker vom Kloster. Drei barocke Altäre (Anbetung der Hirten, die Auferstehung Christi und das Pfingstwunder) sollte man sich unbedingt ansehen.

Eine ehemalige Prostituierte als Namensgeberin

Am Hochablass in Augsburg

Die alten Wassertürme am Roten Tor

UNESCO-Kandidat

32

Die Stadt will es mit Kanälen, Wassertürmen, alten Wasserkraftwerken und Monumentalbrunnen auf die Liste des UNESCO-Welterbes schaffen. Nur wenige wissen, dass Augsburgs Wasserkraftnutzung und Trinkwasserversorgung europaweit über 500 Jahre hinweg führend war. Mit 22 Denkmälern bewirbt sich die Stadt um den Welterbetitel. Darunter sind unter anderen die seit über achthundert Jahren ausgebauten Lechkanäle, die seit dem 15. Jahrhundert entstandenen frühen Wasserwerke der ehemaligen Reichsstadt, wie auch der Eiskanal und die Kanuslalomstrecke der Olympischen Sommerspiele von 1972. Die Wege zu den Denkmälern führen vom Hochablass im Südosten der Altstadt zum 1609 von Stadtwerkmeister Elias Holl errichteten Unteren St.-Jakobs-Wasserturm, über das Wasserwerk am Roten Tor, bis in die Innenstadt zu den drei Augsburger Monumentalbrunnen, dem Herkulesbrunnen, dem Merkurbrunnen und dem ab 1594 betriebenen Augustusbrunnen. Auf dessen Beckenrand sitzen die vier Augsburger Hauptgewässer, der Lech und die Wertach als männliche Figuren, der Mühlenfluss Singold und der Trinkwasserspender Brunnenbach als weibliche Darstellungen verkörpert. Im Wasserkraftwerk Langweid ist das Lechmuseum untergebracht und vermittelt die Bedeutung des Flusses für die Region.

Stadt und Wasser gehören zusammen.

Wasserkunst in Augsburg

86150 Augsburg
www.augsburg.de/kultur/unesco welterbe-bewerbung

Der Marienbrunnen mit Pestsäule am Rathaus

Das barocke Rathaus am Marienplatz in Friedberg

Aus der Zeit der Renaissance

33

Rathaus Friedberg
Marienplatz 5
86316 Friedberg
www.friedberg.de

Viele Augsburger fahren während der Sommerwochenenden zum „Friedberger Baggersee" mit seinen Liegewiesen, Wasserskilift, seiner Tauchbasis, oder des Angelns wegen. Dabei ist die im Jahr 1264 gegründete altbairische Herzogstadt auch ein romantisch schönes Städtchen und schon deswegen einen Besuch wert. Davon zeugt vor allem das zweigeschossige historische Rathaus aus der Zeit der Renaissance, mit seinen Giebelvoluten und dem profilierten Erker. Einst diente es als Getreidelager, Verkaufsstelle der Bäcker, Polizei-Gewahrsamsstelle und Zollladen zur Erhebung des Stadtzolls. Der Rathaussaal im Obergeschoss, mit seiner sehenswerten Kassettendecke, wurde früher als Registratur genutzt. Erst 1892 wurde er wegen vorheriger Geldknappheit von einem Münchner Historienmaler künstlerisch ausgestaltet und ist heute Veranstaltungsort und Sitzungssaal des Friedberger Stadtrats. Vor dem Rathaus steht der Marienbrunnen. Als 1599 die Pest in Friedberg wütete, gelobten die Bürger, zur Erlösung von der Seuche eine Mariensäule zu errichten. 1788 arrangierten sie um die drei Meter hohe Pestsäule den Marienbrunnen. Im Jahr 1890 rissen sie ihn mitsamt der Mariensäule wieder ab und erbauten Brunnen und Säule in barocker Form neu. Die beiden flankierenden Figuren, die Apostel Petrus und Jakobus, kamen erst im Jahr 1905 hinzu.

Im Dreißigjährigen Krieg zerstört, 1673/74 neu errichtet

Rathaus in Landsberg am Lech

Wunderschöne Stuckfassade

34

Hauptplatz mit Rathaus, Landsberg am Lech

Hauptplatz 152
86889 Landsberg
am Lech
www.landsberg.de

Schon in frühen Zeiten war der Reichtum Landsbergs legendär. Das lag an den Zöllen aus dem Salzhandel und dem gewinnbringenden Textilhandel. Drei Hauptstraßen führten in die Stadt und trafen sich im Zentrum am Hauptplatz, wo der große barocke Marmorbrunnen steht. Besonders hier kommt der ehemalige Reichtum der Stadt zum Ausdruck, wo sich viele prächtige Bürgerhäuser aneinanderreihen und die hübsche Rokokofassade des Rathauses glänzt, welche der Baumeister und Stuckator, Ratsherr und mehrmalige Bürgermeister Dominikus Zimmermann im Jahr 1719 geschaffen hat. Die kunstvollen Stuckornamente und die Zartheit der Farben tragen dazu bei, dass sie zu einer der bedeutendsten ihrer Art in Bayern zählt. Die Malereien an der Fassade sollen den Ruhm und die Geschicke des einstigen Landesherrn zum Ausdruck bringen. Im Innern des Rathauses sind Gemälde des deutsch-britischen Malers und Bildhauers Hubert von Herkomer sowie Fresken des Künstlers Ferdinand von Piloty zu sehen. Doch neben der ruhmreichen Vergangenheit muss sich Landsberg am Lech auch mit der Zeitgeschichte des 20. Jahrhunderts auseinandersetzen. Im Landsberger Strafgefängnis verbrachte Adolf Hitler nach seinem Münchner Putsch (1923) seine Haft und schrieb den ersten Band von „Mein Kampf", in welchem er die Ideologie des Nationalsozialismus verherrlichte.

Hier saß Adolf Hitler ein.

Eines der mittelalterlichen Kirchenfenster

Stadtpfarrkirche Mariae Himmelfahrt

Spätgotischer Kirchenbau

35

Stadtpfarrkirche Mariae Himmelfahrt

Georg-Hallmair-Platz
86899 Landsberg am Lech
www.pg-mariaehimmelfahrt.de

Das bedeutendste Bauwerk der Landsberger Altstadt ist die Stadtpfarrkirche Mariä Himmelfahrt, die durch ihre schiere Größe auffallt. Auf den ersten Blick erinnert sie an einen kathedralartigen Bau mit einer Mischung aus Gotik und Barock. Ein erster Vorgängerbau wird bereits 1219 erstmals urkundlich erwähnt. Nicht verwunderlich also, dass die spätgotische Pfeilerbasilika vielfältige christliche Kunstdenkmäler vom Ende des 13. Jahrhunderts bis in unsere Zeit in sich birgt. Darunter sind Kapellen, Altäre, Statuen und fast hundert erhaltene Grabdenkmäler. In der spätromanischen Zeit wurde sie zu einer dreischiffigen Basilika ausgebaut. Damit nicht genug: 1458 wurde durch Abt Leonhard von Wessobrunn der Grundstein für einen völlig neuen Kirchenbau gelegt. Der schlanke Turm mit barocker Kuppel an der Nordseite der Kirche datiert aus dem Jahr 1692. Vom 17. bis in die Anfänge des 19. Jahrhunderts wurde das Gotteshaus barockisiert. Auch der Säulenhochaltar, auf dessen Bildnis die Völker der Erde der Gottesmutter huldigen, stammt aus den Zeiten des Hochbarock. Auch das wohl bedeutendste Kunstwerk Landsbergs, die geschnitzte Holzmadonna an der Nordseite des Chores, „Madonna mit dem Jesuskind" ist in der Pfarrkirche zu bewundern. Sie stammt aus der Werkstatt des Ulmer Bildhauers und Malers Hans Multscher.

Wunderschön sind die mittelalterlichen Bleiglasfenster.

Der mächtige Turm der Kirche Mariae Himmelfahrt

Die Stadtpfarrkirche von innen

Wichtiger Sakralbau im Pfaffenwinkel

36

Stadtpfarrkirche Mariae Himmelfahrt, Schongau

Kirchenstraße 7
86956 Schongau
www.pg-schongau.de

Die Stadt Schongau liegt relativ mittig zwischen Augsburg und Füssen und besitzt damit eine günstige Ausgangsposition für den südlichen Bereich der Romantischen Straße. Während sich die Neustadt am westlichen Ufer des Lechs ausbreitet, thront die Altstadt auf einem Lechberg und ist nahezu vollkommen von der historischen Stadtmauer umschlossen. Mitten im Zentrum steht die sehenswerte, barocke Stadtpfarrkirche Mariae Himmelfahrt, welche im 18. Jahrhundert anstelle eines romanisch-gotischen Vorgängerbaus errichtet wurde. Im Jahr 1753 wurde sie nach den Plänen des Oberbaumeisters Johann Baptist Gunetzhainer fertiggestellt. Die prächtigen Stuckdekorationen stammen vom Landsberger Baumeister Dominikus Zimmermann, der seine Kunst auch an der Wallfahrtskirche „in der Wies" und am historischen Rathaus in Landsberg am Lech hinterließ. Die kunstvollen Deckengemälde stammen von Matthäus Günther, einem bayerischen Maler der Barock- und Rokokozeit, und zeigen die Krönung Mariens im Himmel sowie die Geschichte der Juden nach dem Untergang Babylons. Zunftstangen geben Hinweise auf die verschiedenen Handwerkszünfte. Der Hochaltar von Franz-Xaver Schmädl schließlich stellt die Aufnahme Mariens in den Himmel dar. Von 1999 bis 2001 wurde das Gotteshaus komplett restauriert.

Im Pfaffenwinkel ist eine Kirche schöner als die andere.

Eines der vielen Deckengemälde in der Klosterkirche

Rokoko-Pracht im eh. Augustiner-Chorherrenstift

37

Nicht weit von „der Wies" entfernt

Ehemaliges Augustiner-Chorherrenstift, Rottenbuch

Klosterhof 42
82401 Rottenbuch
www.ammergauer-alpen.de/kloster-rottenbuch

Das Kloster Rottenbuch war früher da als die Klosterstiftskirche. 1073/74 stiftete es Herzog Welf IV. seiner zweiten Frau Judith. Die ehemalige Stifts- und heutige Pfarrkirche wurde erst ab 1085 erbaut. Der Aufbau der romanischen Kirche in Kreuzesform, mit dem danebenstehenden Glockenturm, zog sich bis 1125 hin. Zum Betrieb des Klosters wurden Augustiner-Chorherren bestimmt. Sie lebten in Armut und Demut und widmeten sich hauptsächlich der Seelsorge. Ihre damaligen Pröbste gewannen bald an erheblichem Einfluss und wurden zu den Stellvertretern des Bischofs erhoben. Schwere Rückschläge für den Fortbestand des Klosters bedeuteten die Brände von 1262/65 und 1322. Zu allem Unglück stürzte auch noch im Jahr 1417 der Kirchturm ein. Die jeweiligen Wiederaufbauten gestalteten sich schwierig und zogen sich lange hin. Weitere Erneuerungen erfolgten im 15. Jahrhundert. So wurde beispielsweise das Langschiff 1477 neu errichtet. Vollendet wurde die Ausstattung der Kirche in den letzten Jahren des 15. Jahrhunderts. Die nächste schlimme Zeit stand den Chorherren im Dreißigjährigen Krieg bevor, in welchem das Stift mehrere Male ausgeplündert wurde. Hungersnot und Pest machten das Unglück perfekt. Der Spanische und der Österreichische Erbfolgekrieg erforderten einen umfassenden Stiftsneubau.

Viele Schicksalsschläge trafen die Klosteranlage.

Das ehemalige Prämonstratenser-Kloster Steingaden

Blick in die St. Johanneskapelle des Klosters

Das Welfenmünster

38

Ehemaliges Prämonstratenser-Kloster Steingaden

Krankenhausstraße 1
86989 Steingaden
www.steingaden.de/welfenmuenster

763 Meter über dem Meeresspiegel liegt das ehemalige Klosterdorf, ein anerkannter Erholungsort mit knapp 3.000 Einwohnern. Im Zentrum Steingadens liegt die ehemalige Klosterkirche mit ihren weiß gekalkten Türmen. Historiker nennen das Welfenmünster ein „aufgeschlagenes Buch der Kunstgeschichte". Kein Wunder, denn der sehenswerte Kreuzgang stammt aus den Zeiten der Spätgotik, die prachtvollen Deckengemälde entstanden im Barock, und die vielen Putten künden vom Rokoko. Als Herzog Welf VI., der Gründer des Klosters Steingaden (1147), vor seinem Kreuzzug ins Heilige Land, die Anlage dem katholischen Orden der Prämonstratenser stiftete, war nicht absehbar, dass 860 Jahre später noch vieles an ihn erinnern sollte, wie beispielsweise der Welfenbrunnen am Marktplatz. Auch die St.-Johannes-Kapelle des ehemaligen Prämonstratenser-Klosters, welche zeitgleich mit dem Welfenkloster an unbekannter anderer Stelle nach dem Vorbild der Grabeskirche von Jerusalem errichtet wurde, befindet sich heute am Friedhofseingang zur ehemaligen Klosterkirche. Um das Jahr 1500 wurde sie an ihre heutige Stelle transferiert. Die klösterlichen Zeiten gehören längst der Geschichte an. Der Betrieb des dem Heiligen Johannes Baptist geweihten Klosters in der Diözese Augsburg wurde im Rahmen der Säkularisation im Jahr 1803 aufgehoben.

Hier kann man die Geschichte regelrecht fühlen.

Blick auf Hohenschwangau und den Alpsee

Das Schloss Hohenschwangau

Die „Kinderstube" des Königs

39

Schloss Hohenschwangau
Alpseestraße 12
87645 Schwangau
www.hohenschwangau.de

Schräg gegenüber von Schloss Neuschwanstein liegt der „Sitz der Edlen von Schwangau", wie Schloss Hohenschwangau auch bezeichnet wird. Es blickt auf eine lange und aufregende Vergangenheit zurück. Bereits im 12. Jahrhundert wird es als „Burg Schwanstein" erstmals erwähnt. Bis in das 16. Jahrhundert hinein war es im Besitz der Ritter von Schwangau. Dann wechselten die Besitzverhältnisse des Öfteren, und die Burg wurde infolge häufiger Herrschaftswechsel und diverser Kriegswirren nicht verschont. Im Jahr 1832 erwarb Kronprinz Maximilian, der spätere König Max II. von Bayern, die zur Ruine verkommene Anlage und ließ sie in fünf Jahren zum heutigen Schloss im neugotischen Stil umbauen und erweitern. Fortan diente das Schloss der königlichen Familie hauptsächlich als Sommer- und Jagdresidenz. Der spätere Märchenkönig, Ludwig II., Sohn von König Maximilian, verbrachte hier den Großteil seiner Kindheit. Die aus dem 19. Jahrhundert stammende Inneneinrichtung im Biedermeierstil, ist vollkommen erhalten und kann im Rahmen von Führungen besichtigt werden. Mehr als 90 Wandmalereien, hauptsächlich mit Themen aus der mittelalterlichen Sagenwelt, dominieren die Räume. Nach dem Tod seines Vaters übernahm König Ludwig II. das königliche Schloss und ließ es nach seinen Vorstellungen umdekorieren.

Das Elternhaus des Märchenkönigs

Die Wallfahrtskirche St. Coloman

Wo der spätere Märtyrer rastete

40

Wallfahrtskirche St. Coloman

Colomanstraße 95
87645 Schwangau
www.schwangau.de/st.coloman

Die Stelle auf freiem Feld bei Schwangau, wo der irische Pilger Coloman rastete, überlebte er unbeschadet. Als er im Jahr 1012 auf seiner Pilgerfahrt ins Heilige Land in Stockerau bei Wien durchzog, wurde er wegen seiner fremden Sprache und Kleidung verdächtigt, ein böhmischer oder ungarischer Spion zu sein, und wurde kurzerhand an einem Holunderstrauch aufgehängt. Eineinhalb Jahre soll sein Leichnam dort gehangen haben, ohne zu verwesen, und er soll Wunder gewirkt haben. Der Vater eines kranken Mädchens träumte davon, dass sein Kind gesund werden würde, wenn er Fleisch und Blut aus dem toten Körper nehme und damit sein Kind bestreiche. Nachdem Coloman 1014 nahe des heutigen Klosters Melk bestattet wurde, soll ein Hochwasser vor seinem Grab halt gemacht haben, ohne es zu überschwemmen. Obwohl der irische Geistliche offiziell nie heiliggesprochen wurde, wurde er bald in ganz Österreich, Ungarn und Bayern als Märtyrer verehrt. Dort, wo er auf seiner Reise bei Schwangau rastete, wurde eine kleine Kapelle errichtet. Gegen Ende des 15. Jahrhunderts wurde das kleine Gotteshaus erweitert. Nach dem Dreißigjährigen Krieg nahmen die Wallfahrten wieder zu und es entstanden ein neues Langhaus, ein Turm und eine Mauer rund um den Pestfriedhof. Im Jahr 1720 stiftete der Abt von Melk eine Reliquie des Heiligen Coloman.

In Schwangau verschont, bei Wien ermordet

Das Hohe Schloss von der Stadt aus gesehen

Blick vom Franziskanerplatz auf das Hohe Schloss

Sommerresidenz der Fürstbischöfe

41

Hohes Schloss Füssen

Magnusplatz 10
87629 Füssen
www.stadt-fuessen.de

Auf dem Bergsporn, dem heutigen Schlossberg, auf dem das Hohe Schloss über die Stadt Füssen wacht, stand bis in das späte 5. Jahrhundert hinein ein spätrömisches Kastell. Nachdem Füssen die Stadtrechte erhalten hatte, begann dort der bayerische Herzog Ludwig der Strenge im Jahr 1291 mit dem illegalen Bau einer Burg. Dem Augsburger Bischof missfiel dieses Gebaren aufs Äußerste und er erwirkte, dass die Bauarbeiten eingestellt wurden. 1322 erwarb er selbst den Schlossberg und ließ die unvollendete Burg zum Sitz eines Pflegamtes ausbauen. Es dauerte mehr als 150 Jahre, bis weitere Baumaßnahmen ergriffen wurden. Bischof Friedrich II. von Zollern war es, der die Burg zwischen 1489 und 1504 zu einem prächtigen, repräsentativen und trutzigen Burgschloss ausbauen ließ, welches von den Augsburger Bischöfen gerne als Sommerresidenz genutzt wurde. Sein heutiges Erscheinungsbild geht auf diese Erweiterungsbauten zurück. Im 17. Jahrhundert wurden unter Fürstbischof Johann Christoph von Freysberg zwar weitere Umbauten vorgenommen, die betrafen allerdings nur die Innenausstattung. Im Rahmen der Säkularisation ging das Eigentum an dem Schloss auf den bayerischen Staat über. Heute beherbergt die Anlage unter anderem ein Museum mit der Filialgalerie der Bayerischen Staatsgemäldesammlung.

Das Schloss ist die Krone der Stadt.

Der Kirchturm von St. Mang

Im Innern der ehemaligen Klosterkirche

Was aus einer Mönchszelle entstand

42

Ehemaliges Benediktinerkloster St. Mang

Magnusplatz 1
87629 Füssen
www.stadt-fuessen.de

Die Historie des Klosters St. Mang steht im engen Zusammenhang mit dem Wirken des Wandermönches Magnus, der vermutlich im Jahr 750 in Füssen verstarb. Als „Apostel des Allgäus" ging er in die Kirchengeschichte ein. Wo heute das ehemalige Kloster steht, soll er eine Klosterzelle gegründet haben. Der Sage nach soll der Heilige erfolgreich gegen Drachen, Schlangen und Bären gekämpft haben. Als Magnus in Füssen lebte, lag die Stadt an einer stark frequentierten antiken Straße, der Via Claudia Augusto, welche den Bischofssitz Augsburg mit Rom verband. Die Christianisierung der Region war bereits weitgehend abgeschlossen. Den Anstoß zur Gründung des Klosters St. Mang sprechen Historiker eher Karl dem Großen zu, der entlang des Weges nach Rom die Gründung von Klöstern befürwortete. So sollen es die Augsburger Bischöfe gewesen sein, die an dieser Stelle im 9. Jahrhundert ein Benediktinerkloster gründeten. Zu dieser Zeit entstand auch als erste Klosterkirche von St. Mang die St.-Anna-Kapelle, in welcher heute der im Jahr 1602 entstandene „Füssener Todestanz" besichtigt werden kann. 1697 ließ Abt Gerhard Oberleitner die mittelalterlichen Klostergebäude durch eine symmetrisch angeordnete Barockanlage überbauen, die von ihrer Architektur italienisch-venezianischen Anlagen ähnelte und die Bedeutung der Abtei zum Ausdruck brachte.

„Sagt Ja, Sagt Nein, Getanzt Muess Sein"

Das Franziskanerkloster in Füssen

Im Innern der Klosterkirche St. Stephan

Eines der schönsten deutschen Klöster

43

Franziskanerkloster St. Stephan
Franziskanerplatz 1
87629 Füssen
www.franziskaner.net

Nur zehn Minuten Fußweg vom Trubel der Altstadt bedarf es, und man befindet sich am Franziskanerplatz, von wo man einen herrlichen Ausblick auf das Hohe Schloss und das Kloster St. Mang genießt. Hier endet auch die Romantische Straße, und man steht vor der Klosteranlage St. Stephan. Die wenigen Franziskaner, die hier noch aktiv sind und sich hauptsächlich um seelsorgliche Aufgaben kümmern, betrachten ihr Kloster als eines der schönsten in ganz Deutschland. Betrachtet man das Alpenpanorama, die Berge und Seen der näheren Umgebung sowie die wunderschönen Kirchen und Schlösser, kann man dieser Beurteilung durchaus folgen. Dass dem so ist, ist Heinrich von Knoeringen, einst Fürstbischof von Augsburg, und Abt Martin, ehemals Abt des Klosters St. Mang, zu verdanken. Als sich im 17. Jahrhundert die Jesuiten von Füssen zurückzogen und nach Kaufbeuren abgewandert waren, gründeten die beiden Kleriker im Rahmen der Gegenreformation das dem Heiligen Stephan geweihte Kloster. Bald kamen zu den Zeiten des Dreißigjährigen Krieges die ersten Ordensleute der Franziskaner aus dem Tiroler Reutte. Während des Durchmarsches der Schweden wurde das neu gegründete Kloster in arge Mitleidenschaft gezogen. Zwischen 1763 und 1765 entstand die Klosterkirche. 1803 wurde der Klosterbetrieb aufgehoben. Heute dient der Ort als Lebensraum für ältere Mitbürger.

Klosteranlage am Rande der Altstadt

44

Partymeile der Stadt

Alte Mainbrücke, Würzburg

Zeller Straße 3
97082 Würzburg
www.wuerzburg.de

Nur 185 Meter lang ist die beliebteste Würzburger Partymeile. Bewacht wird sie von zwölf rund 4,5 Meter hohen „Brückenheiligen", die seit dem Jahr 1730 auf ihren Plätzen stehen. **Von hier aus kann man dem Würzburger Wein beim Wachsen zusehen**, denn der Rundumblick erfasst die drei Weinlagen „Stein", „Stein-Harfe" und „Schlossberg". Die Rede ist von der Alten Mainbrücke, deren Baubeginn bis in das Jahr 1476 zurückgeht und die doch erst 1703 fertiggestellt wurde. Heute genießt man auf der Brücke den „Brückenschoppen", der von nahen Gastronomiebetrieben ausgeschenkt wird.

Auf der Alten Mainbrücke ist immer was los

Die Wallfahrtskirche am Nikolausberg

45

Die barocke Wallfahrtskirche „Mariä Heimsuchung", besticht durch ihre schmale Doppelturm-Fassade, Kuppeln, Zwickeldächer und Turmhauben. Der Sage nach hat der Sohn eines Fischers in den letzten Jahren des Dreißigjährigen Krieges, an den Ufern des Mains, eine hölzerne Marienstatue gefunden. Er stellte den Bildstock in den Weinhängen des Nikolausberges auf. **Bald ereigneten sich an dieser Stelle Lichterscheinungen und Heilungen.** Die ersten Wallfahrten setzten ein. Aus einer anfänglich hölzernen Gnadenkapelle wurde nach den Plänen von Balthasar Neumann das heutige „Käppele" errichtet.

Das „Käppele"
Spittelbergweg 21
97082 Würzburg
www.kaeppele-wuerzburg.de

Das Käppele auf dem Nikolausberg

46 Wo die Frankenapostel den Tod fanden

Neumünsterkirche
97082 Würzburg
Kürschnerhof 4
www.neumuenster-wuerzburg.de

Unmittelbar neben dem Dom St. Kilian steht die romanische Basilika Neumünster aus dem 11. Jahrhundert. Die mächtige Kuppel und die barocke Fassade kamen allerdings erst im 18. Jahrhundert hinzu. Auch Neumünster wurde im Zweiten Weltkrieg teilweise zerstört. **An dieser Stelle sollen im Jahr 869 die Frankenapostel Kilian, Totnan und Kolonat den Märtyrertod gestorben sein.** Ihre Skulpturen sitzen in der Kirche. Sehenswert sind auch der Hochaltar, das Schmerzenskreuz, eine spätmittelalterliche Skulptur „Christus am Kreuz" sowie das Echthaarkruzifix aus der gotischen Spätzeit.

Die drei Frankenapostel, Basilika Neumünster

Am Oberen Markt in Würzburg

47

An dieser Stelle stehen das Falkenhaus, einst Gasthaus, das im Jahr 1751 eine pompöse Stuckdekoration erhielt, und die spätgotische Marienkapelle, mit deren Bau im Jahr 1377 begonnen wurde. Auf dem Altar sind vier Tafelgemälde aus dem Jahr 1514 zu bewundern. Auch die „Schöne Madonna" um 1420 und die Silbermadonna aus dem 17. Jahrhundert sind hier zu sehen. **Einst stand hier das Jüdische Viertel.** Als im Jahr 1347 in der Stadt die Pest wütete, machte man die Juden dafür verantwortlich. Ihre Häuser wurden niedergebrannt, ihre Synagoge zerstört und an gleicher Stelle die Marienkapelle erbaut.

Marienkapelle und Falkenhaus
Marienplatz 2
97070 Würzburg
www.wuerzburg.de

Die Marienkapelle und das Haus Zum Falken

48 Die Stiftung des „Hexenverbrenners"

Stiftung Juliusspital
Juliuspromenade 19
97070 Würzburg
www.juliusspital.de

Nur fünf Gehminuten vom Hauptbahnhof liegt eine imposante Barockanlage mit schlossartigem Charakter. Es ist die Stiftung Juliusspital, 1576 vom einstigen Fürstbischof Julius Echter gegründet. Auch mehr als 430 Jahre nach Gründung der Stiftung gelten die Prinzipien, für Alte, Kranke und Bedürftige einzutreten. Wirtschaftliche Basis für die sozialen Einrichtungen, wie Krankenversorgung, Palliativversorgung, Hospiz und das Seniorenstift, sind hauptsächlich die Erträge aus den landwirtschaftlichen Betrieben, der Forstwirtschaft und dem zweitgrößten Weingut Deutschlands.

Innenhof und Garten im Juliusspital

Ringsum wunderschöne Fachwerkhäuser

49

Teils aus dem 16. Jahrhundert stammen die gut erhaltenen Fachwerkhäuser, die sich um den langgestreckten historischen Marktplatz ziehen. Hier steht auch der Engelsbrunnen, ein städtischer Ziehbrunnen aus dem Jahr 1574, auf dem über der Brunnenkrönung zwei Engel das Wertheimer Stadtwappen halten. Eine Innschrift gibt Rätsel auf. Sie lautet: **„Es ist ein Wort – das hat ein L / Wer es sieht begehrt es schnell / Wenn das L nicht darinnen / Kein höher Schatz in der Welt ist."** Gold und Gott seien die beiden Lösungswörter, verraten die Einheimischen.

Historischer Marktplatz Wertheim
97877 Wertheim
www.marktplatz-wertheim.de

Der Engelsbrunnen am Marktplatz in Wertheim

50 Das leere Alabastergrab

Evangelische Stiftskirche
Schulgasse 3
97877 Wertheim
www.kirchenbez-wertheim.de/stiftskirche

Wenige Gehminuten vom Marktplatz befindet sich die Evangelische Stiftskirche. Im Mai 2017 endete eine 12-jährige, aufwendige Generalsanierung. Vier lange Jahre wurde das Alabastergrabmahl des Grafen Ludwig von Löwenstein-Wertheim und seiner Gattin Gräfin Anna zu Stollberg wiederhergerichtet. **Das Grabmal der Adeligen steht mitten im Chor der ab 1384 erbauten Kirche**, direkt hinter dem Altar. Tatsächlich begraben wurde darin allerdings niemand. Seine Platzierung mitten im Chorraum der Kirche darf eher als Zeichen des Herrschaftsanspruchs der damaligen Dynastie betrachtet werden.

Das Alabastergrab in der Stiftskirche

Blick auf den Wertheimer Affen

51

Kilianskapelle
Pfarrgasse 1
97877 Wertheim
www.wertheim.de

Direkt der Stiftskirche gegenüber liegt die 1472 erbaute Kilianskapelle, **eine der schönsten Doppelkapellen Deutschlands** (Bauwerk mit zwei übereinander angeordneten Sakralbauten). Einst als Beinhaus und Kapelle für die Stiftskirche gebaut, wurde sie ab 1604 auch als Lateinschule genutzt. Ihr Schutzpatron ist der Frankenapostel Kilian, der gemeinsam mit seinen Gefährten Kolonat und Totnan 689 in Würzburg den Märtyrertod starb. Auf dem Obergeschoss ist der „Wertheimer Affe" zu sehen. Er symbolisiert die Eitelkeit der damaligen katholischen Theologie.

Der Wertheimer Affe an der Kilianskapelle

52 Mittelpunkt der Stadt

Marktplatz Tauberbischofsheim
Marktplatz
97941 Tauberbischofsheim
www.marktplatz-tauberbischofsheim.de

Wie ein Oval umschließen die Schmiederstraße, der Schloßweg und der Grabenweg die Altstadt Tauberbischofsheims. **Mitten darin durchziehen die beiden Fußgängerzonen das Zentrum und treffen sich am Marktplatz.** Dort stehen sich an dessen schmäleren Seiten das im Jahr 1865 erbaute Rathaus und die katholische St. Lioba-Kirche gegenüber. Begleitet werden sie an der Ostflanke von der im Jahr 1602 erbauten Alten Post, dem Geburtshaus von Michael de la Roche, der historischen Stern-Apotheke und dem Barockpalais Mackert-Haus. Weitere historische Kostbarkeiten zieren die Altstadt.

Marktplatz Tauberbischofsheim und Lioba-Kirche

Viele Sehenswürdigkeiten

53

Zwölf Stadtteile hat die tauberfränkische Weinstadt. Alle sind durch Wanderwege miteinander verbunden. **Der Radweg „Liebliches Taubertal" wurde 2009 vom ADAC mit fünf Sternen ausgezeichnet.** Ein Rundgang durch den Ortsteil Lauda zeigt unter anderem das historische Rathaus der Stadt, in welchem heute die Stadtbibliothek untergebracht ist. Gleich daneben glänzt der Fachwerkbau des Heimatmuseums. Das 1496 errichtete Obere Tor und der Pulverturm sind Relikte der mittelalterlichen Stadtmauer. Die alte Tauberbrücke wurde 1510/1512 mit drei Rundbögen errichtet.

Historische Altstadt Lauda-Königshofen

Marktplatz
97922 Lauda-Königs-hofen
www.lauda-koenigs hofen

Das historische Rathaus in Lauda-Königshofen

54 Vier Heilige auf der Brücke

Grünbachbrücke mit barocken Heiligenfiguren
Ortsteil Gerlachsheim
97922 Lauda-Königshofen
www.lauda-koenigshofen.de

Es ist ein idyllischer Ort, an dem die dreibogige, barocke Brücke im Ortsteil Gerlachsheim, aus den Jahren zwischen 1730 und 1740, den Grünbach überspannt. **Man fühlt sich sofort in das 18. Jahrhundert zurückversetzt.** Vier steinerne Heilige thronen auf dem Brückengeländer: St. Burkhard, St. Michael, St. Nepomuk und St. Kilian. Vom richtigen Standpunkt aus betrachtet, erheben sich dahinter die Türme der barocken Pfarrkirche Heilig Kreuz. Hier herrscht eine fast gespenstische Stille. Nur die Gänse am Bach erheben ein aufgeregtes Geschnatter, wenn man ihnen zu nahekommt.

Grünbachbrücke mit barocken Heiligenfiguren

Reiche Barockausstattung

55

Im Jahr 1608 ließ der Würzburger Fürstbischof Julius Echter von Mespelbrunn im heutigen Stadtteil Lauda die alte Stadtkirche bis auf den Chor abbrechen und neu errichten. Das neue Gotteshaus erhielt die Form einer Basilika mit einem Haupt- und zwei Seitenschiffen. Das südliche Portal zeigt das Wappen des Erbauers Julius Echter. **Im Innern der Kirche fällt der Blick sofort auf den prächtigen barocken Hauptaltar.** Auffällig auch der Deckenstuck des Chors mit reich verzierten Rokokoarbeiten. Das ovale Deckengemälde zeigt die Heilige Dreifaltigkeit. Wunderbar, die Figuren an den Pfeilern des Langhauses.

Stadtkirche St. Jakob
Kugelgraben 19
97922 Lauda-Königshofen
www.lauda-koenigshofen

Die Stadtpfarrkirche St. Jakobus

56

Entspannung und Erlebnis

Solymar Therme
Bad Mergentheim
Erlenbachweg 3
97980 Bad Mergentheim
www.solymar-therme.de

Lassen Sie sich in der Sauna, wie in einer russischen Banja, nach einem aufregenden Aufguss mit Birkenquasten abklopfen. **Im Mineralaußenbecken können Sie das ganze Jahr über bei 33 Grad Celsius im warmen Wasser entspannen.** Nehmen Sie sich eine Auszeit bei einer Nacken- und Schulter-, oder Hand-, Fuß- oder Ganzkörpermassage. Fünf, mit Sole-Mineralwasser gefüllte Innenbecken stehen den Besuchern zur Verfügung, alle auf 33 bis 37 Grad Celsius aufgeheizt. Die Solymar Therme bietet mehr als 820 Quadratmeter Wasserfläche. Eine Reihe weiterer Wasserattraktionen verwöhnen den Besucher.

Die Solymar Therme in Bad Mergentheim

Treffpunkt Altes Rathaus

57

Natürlich kann man in den Weinbergen wandern, eine Radtour durch das liebliche Taubertal unternehmen, oder im Wildpark Luchse, Wölfe und andere Tierarten betrachten, aber auch ein Besuch der Altstadt ist lohnenswert. Ausgangspunkt ist normalerweise die Stelle, an der der Deutschmeister Wolfgang Schutzbar im Jahr 1562 ein Arrestgebäude mit Krämerladen, Festsaal und einem ansehnlichen Staffelgiebel errichten ließ und dann an die Stadt verpachtete. Heute ist das Gebäude als das Alte Rathaus bekannt, wo regelmäßig ein reges Markttreiben herrscht und so manche Leckereien angeboten werden.

Historische Altstadt

Marktplatz
97980 Bad Mergentheim
www.bad-mergentheim.de

Grüner Markt mit historischem Rathaus

58

Kirche der Bürgerschaft

Münster St. Johannes Baptist
Ledermarkt 12
97980 Bad Mergentheim
www.st-johannes-mgh.de

Im Gegensatz zur Hofkirche im Schloss und der Marienkirche im Dominikanerkloster ist die Johanneskirche das Gotteshaus der Bürgerschaft. Anstelle einer vormaligen Kapelle wurde sie in den Jahren 1250 bis 1274 errichtet. Maßgeblich war der Johanniterorden am Bau beteiligt. **Die Seitenschiffe und der Chor sind seit jeher im Originalzustand erhalten.** Im ersten Stock über der Sakristei ist ein Museum eingerichtet, das den Münsterschatz zeigt, wie auch Gold- und Schmiedekunst über eine Epoche von 500 Jahren hinweg. Darunter das Vortragekreuz (1482) und eine spätgotische Monstranz (1508).

Im Münster St. Johannes Baptist

59

Gegenwart aus der Vergangenheit

Historischer Marktplatz Weikersheim
97990 Weikersheim
www.weikersheim.de

Man könnte meinen, der Eingang zum Schloss habe den historischen Marktplatz ausgespuckt, so nahe liegen beide zusammen. Markantestes Gebäude ist das Neue Alte Rathaus, ein stattlicher Mansardenbau, der früher höheren Hofbeamten als Wohnsitz diente. Quasi gegenüber steht der ehemalige Kornbau (16. Jahrhundert), in welchem heute das Tauberländische Museum untergebracht ist. In Verlängerung des Schlosseingangs befindet sich die evangelische Stadtkirche St. Georg. **Mitten auf dem Platz plätschert der im Jahr 1768 erbaute Marktbrunnen**, bekrönt von der Fasma, welche die Fanfare bläst.

Der historische Marktplatz in Weikersheim

60 Heimat des „Weikersheimer Prinzle"

Gotische Stadtkirche
Marktplatz
97990 Weikersheim
www.kirchenbezirk-weikersheim.de

Stifter der Kirche waren Konrad von Weinsberg und seine Frau Anna, geborene Hohenlohe-Weikersheim. Dass die Kirche in nur sechs Jahren erbaut werden konnte, lag sicherlich auch daran, dass Konrad von Weinberg die Unterstützung der Bischöfe fand. **Das heute vielleicht kunstgeschichtlich bedeutsamste Epitaph der Kirche stellt das sogenannte „Weikersheimer Prinzle" dar.** Dabei handelt es sich um Herzog Heinz von Sachsen-Lauenburg, der 1437 im Alter von sechs Jahren in Weikersheim verstarb. Das „Prinzle" soll eine der ältesten Kinderdarstellungen des Mittelalters sein.

Die gotische Stadtkirche in Weikersheim

Den Frankenaposteln geweiht

61

Neben der spätgotischen Spitalkirche des ehemaligen Julius-Echter-Stifts dominiert heutzutage die katholische Stadtkirche St. Kilian und Gefährten als sehenswerter Sakralbau das Stadtbild. Sie ist ein spätromanischer Bau, bereits 1103 urkundlich genannt und 1262 erstmals als Pfarrkirche erwähnt. **„Highlight" in ihrem Innern ist der spätbarocke Hochaltar** aus dem Jahr 1780, aber auch die vier klassizistischen Seitenaltäre sowie die Kanzel aus dem Jahr 1699 sind sehenswert. An den Außenfassaden der Kirche stechen vor allem die wertvollen Epitaphien wie das Bild „Anbetung der Könige" hervor.

Pfarrkirche St. Kilian und Gefährten, Röttingen
Herrenstraße 17
97285 Röttingen
www.roettingen.de

Die Pfarrkirche St. Kilian Röttingen

62 Geschichte großgeschrieben

Marktplatz und barockes Rathaus
Marktplatz 1
97285 Röttingen
www.roettingen.de

An der Stelle, an welcher das heutige barocke Rathaus steht, musste 1750 ein Vorgängerbau wegen Baufälligkeit abgetragen werden. **Es entstand ein neuer dreistöckiger Amtssitz mit einem Uhrentürmchen auf dem Mansarddach** und Wasserspeiern an den Dachecken zum Marktplatz hin. Die Fassaden sind durch Gurtsimse gegliedert, die Fenster mit Profilrahmen versehen. Über dem breiten Eingangsportal thront das Wappen des ehemaligen Fürstbischofs von Würzburg, Karl Philipp von Greiffenclau. Links vom Portal erkennt man das Wappen der Freiherren von Zobel, rechts davon das Stadtwappen Röttingens.

Das Barocke Rathaus in Röttingen

Einmalig auf der Welt

63

Wer weiß heute schon, dass vor rund 30.000 Jahren Mammutjäger Knochen benutzten, um Perlstickerei auf Leder aufzunähen, oder dass vor 10.000 Jahren Drucksteine als Hilfsmittel zum Nähen benutzt wurden? Wer sich für die Geschichte des Fingerhuts interessiert, ist hier in der Kohlesmühle, gegenüber der Herrgottskirche, an der richtigen Stelle. **Mehr als 4.000 Fingerhüte und Nähutensilien aus allen Erdteilen** werden im Museum gezeigt, darunter Exponate vom Altertum bis in die Neuzeit, vom einfachen Gebrauchs- bis zum wertvollen Zierfingerhut. Ein naturnaher Spazierweg führt von Creglingen herüber.

Fingerhutmuseum Creglingen
Kohlesmühle 6
97993 Creglingen
www.fingerhutmuseum.de

Eingang zum Fingerhutmuseum in Creglingen

64 Ort für Träumer und Entdecker

Historische Altstadt
Schlosshof
97993 Creglingen
www.creglingen.de

Schlossturm, Faulturm, Jüdisches Museum, Lindleinturm, Romschlössle, Lenksches Haus, Altes Rathaus, historische Apotheke, Pfarr- und Schlosshof – so lauten die Stationen auf einem Rundgang durch das historische Creglingen. Texttafeln vermitteln Einblicke in die Geschichte der kleinen Tauberstadt. Im Lindleinturm ist ein Kleinstmuseum untergebracht. Maximal fünf bis sechs Besucher passen hinein, dann ist die Bude voll. Der Turm gehörte einst der Dienstmagd Margarete Böttiger, die ihn bis 1993 bewohnte. **Die Wohnung der kinderlosen Magd ist im Originalzustand erhalten.**

Fachwerkhaus in der Altstadt von Creglingen

Sechs Aufgänge zur Stadtmauer

65

Wer nach Rothenburg ob der Tauber kommt, sollte sich keinesfalls die rund zwei Kilometer lange Tour auf der Stadtmauer entgehen lassen. Anders als in Nördlingen ist sie nicht durchgehend begehbar, aber das tut ihrer Attraktivität keinerlei Abbruch. Ihre Wehrgänge sind überdacht und mit Toren und Türmen gespickt. Allein 46 Türme zeugen auch heute noch von der ehemaligen Wehrhaftigkeit der Stadt. Sechs Auf- beziehungsweise Abgänge gibt es in der Altstadt. Das längste durchgehende Teilstück beginnt am Klingentor und endet an der Spitalbastei.

Mittelalterliche Stadtmauer Rothenburg
Mergentheimer Straße 14
91541 Rothenburg ob der Tauber
www.rothenburg.de

Auf der Stadtmauer in Rothenburg ob der Tauber

66 Wo Papst Franziskus einst Gast war

Franziskanerkirche
Herrngasse
91541 Rothenburg
ob der Tauber
www. rothenburg.de

Als Kirche der glückseligen Jungfrau Maria wurde die heutige evangelische Franziskanerkirche in den Jahren 1256 bis 1309 erbaut und ist damit, neben der Heilig-Geist-Kirche, das älteste Gotteshaus in der Stadt. Als Papst Franziskus im Jahr 1986 drei Monate als Goethe-Student in Rothenburg weilte, um seine Deutschkenntnisse aufzubessern, war auch er Gast in der alten Kirche. Das einst zugehörige Kloster wurde im Jahr 1281 gegründet, gab aber 1548, der Reformation wegen, den Klosterbetrieb auf. **Im Ostchor steht heute noch der von Tilman Riemenschneider erschaffene Franziskusaltar.**

Die frühgotische Franziskanerkirche

Die Wehrkirche St. Wolfgang

67

Durchläuft man von der Innenstadt kommend den mächtigen Klingenturm, der früher als Wasserturm diente, stößt man auf die spätgotische St. Wolfgangs- oder Schäferkirche. Sie war Bestandteil der einstigen Wehranlagen mit unterirdischen Kasematten. In seinem Innern zeigt das Gotteshaus, neben dem Wolfgang-, dem Wendelin- und dem Marienaltar aus der Zeit um 1500, spätgotische Handwerkskunst. **Im Torwächterhaus der Wehrkirche befindet sich das Schäfertanzkabinett.** Schon in mittelalterlichen Zeiten suchten die Schäfer der Stadt beim heiligen Wolfgang Schutz fur sich und ihre Herden.

Wolfgangskirche
Klingentorbastei
91541 Rothenburg
ob der Tauber
www.rothenburg.de

Die Wehrkirche St. Wolfgang am Klingentor

68 Mächtigstes Bollwerk der Stadt

Spitalbastei
Spitalbastei
91541 Rothenburg
ob der Tauber
www.rothenburg.de

Das Rondell der Spitalbastei, mit zwei Zwingern und sieben Toren aus dem 16. Jahrhundert, war das letzte und mächtigste Bollwerk, welches zum Schutz der Stadt und des Spitalviertels gebaut wurde. Bereits um 1280 baute man vor den Mauern der Stadt die schutzlos daliegende Spitalkirche. Mit der Errichtung der ringförmig vorgewölbten Bastei wurden die Kirche und das Spital in die Wehranlage der Stadt miteinbezogen. **Noch heute bezeugen der begehbare Geschützboden und der erhaltene Wallgraben die Wehrhaftigkeit und Größe der Festungsanlage.**

Die mächtige Spitalbastei

Der Ursprung liegt im Dunkeln

69

Nicht nur der historische Marktplatz ist eine Sehenswürdigkeit in der Festspielstadt. Bei einem Stadtrundgang stößt man auch auf den romanischen Kreuzgang, das Obere Tor und auf die Stiftskirche, eine ehemalige Klosterkirche, deren eigentlicher Ursprung im Dunkeln liegt. Das Gotteshaus ist mit seinen beiden mächtigen Türmen ein Wahrzeichen der Stadt, nur wenige Gehminuten vom Marktplatz entfernt. Hier findet man romanische Baureste ebenso wie gotische Elemente am Chor. Der Marienaltar stammt aus dem Jahr 1484, das geschnitzte Chorgestühl aus der Zeit um das Jahr 1500.

Stiftskirche Feuchtwangen
Kirchplatz
91555 Feuchtwangen
www.feuchtwangen-evangelisch.de/stiftskirche

Der Turm der Stiftskirche

70 „Ihr Kinderlein, kommet"

Denkmal Christoph Schmid in Dinkelsbühl

Marktplatz
91550 Dinkelsbühl
www.dinkelsbuehl.de

Ganz ehrlich, haben Sie jemals etwas über Christoph von Schmid gehört? Im Jahr 1768 wurde er als Sohn eines angesehenen Beamten in Dinkelsbühl geboren, 1791 zum Priester geweiht und **schrieb wenig später das Weihnachtslied „Ihr Kinderlein kommet"**. Weitere Werke folgten, wie „Biblische Geschichten für Kinder", eine Sammlung christlicher Gesänge, das Kinderbuch „Rosa von Tannenberg" und weitere Bücher mit den Titeln „Der Weihnachtsabend" und „Heinrich von Eichenfels". 1827 ernannte ihn König Ludwig I. zum Domkapitular in Augsburg. Seit 1859 steht sein Denkmal in Dinkelsbühl.

Das Denkmal für Christoph von Schmid

Prächtige Giebelhäuser am Weinmarkt

71

Zentrum einer mittelalterlichen Stadt ist normalerweise der Marktplatz mit einer dafür angelegten Handelsfläche unterschiedlicher Größe. Obwohl es in Dinkelsbühl einen Ledermarkt, einen Schweinemarkt, einen Weinmarkt und natürlich auch einen Marktplatz gibt, fehlt in der Stadt ein typischer Ort dafür. **Städtisches Zentrum ist der Weinmarkt mit seinen prächtigen Giebelhäusern.** Das Haus mit dem zierlichen Turm ist die ehemalige Ratstrinkstube. Ihr gliedert sich das Gasthaus „zur Glocke" an, gefolgt vom fachwerkreichen „Deutschen Haus". Die „Schranne" schließlich war einst Getreidespeicher und Tanzhaus.

Stadtzentrum Dinkelsbühl

Weinmarkt
91550 Dinkelsbühl
www.dinkelsbuehl.de

Der Weinmarkt mit seinen stolzen Bürgerhäusern

72 Die Geschichte der Lore

Kinderzech-Zeughaus
Bauhofstraße 43
91550 Dinkelsbühl
www.kinderzech-zeughaus.de

Es war Lore, die Tochter des städtischen Turmwächters, die die Stadt vor dem Untergang bewahrt hat. So erzählt es die Legende. Mit einem Zug Dinkelsbühler Kinder zog sie singend vor den schwedischen Feldherrn Claus Dietrich von Sperreuth und bat darum, ihre Heimatstadt zu verschonen. **„Du führst eine Schar, mein Kind, bei deren Anblick mein Herz erweicht"**, soll er gesagt haben. Im Jahr 2007 wurde in Dinkelsbühl das Kinderzech-Zeughaus errichtet, worin originalgetreue Kostüme aus der damaligen Zeit ausgestellt sind und die Geschichte der Kinderzeche und historische Fakten erzählt werden.

Das Kinderzech-Zeughaus

Meisterwerk barocker Baukunst

73

Die Stadt Bopfingen liegt nicht an der Romantischen Straße, sondern rund elf Kilometer westlich von Wallerstein. Auf einer Anhöhe der östlichen Schwäbischen Alb liegt Schloss Baldern. Es ist im Besitztum des Fürstenhauses Oettingen-Wallerstein. Seine Geschichte geht bis in das 11. Jahrhundert zurück. Erbaut wurde es in den Jahren 1718 bis 1737 auf den Resten einer staufischen Burg. **Der Festsaal ist ein wahres Meisterwerk barocker Baukunst**, und während einer Führung ist auch eine der größten privaten Waffensammlungen zu sehen, welche europäische Exponate aus über fünf Jahrhunderten zeigt.

Barockschloss Baldern

Schlossparkstraße 12
73441 Bopfingen
www.fuerstwallerstein.de/schloss-baldern

Luftbildaufnahme vom Barockschloss Baldern

74 Ehemaliges Barfüßerkloster

Klösterle Nördlingen
Beim Klösterle 1
86720 Nördlingen
www.nh-hotels.de

Im Jahr 1233 gründeten die Bürger Nördlingens ein Franziskanerkloster. Die damals nahestehende Niklauskapelle übernahm das Patronat. Die Grafen von Oettingen und die Herren von Emershofen machten großzügige Geschenke, um ihr Seelenheil im Jenseits günstig zu beeinflussen. 1287 wurde eine Kirche geweiht, 1420 eine neue Klosterkirche errichtet. Im Zuge der Reformation wurde das Kloster 1536 aufgelöst. Von der Kirche blieb nur das Langhaus stehen, der Rest der Gebäude wurde abgerissen. **Daraus wurde 1585/86 ein Denkmal der Renaissancebaukunst**, heute ein ansehnliches Hotel mitten in der Stadt.

Schön anzusehen, das Klösterle in Nördlingen

Als der Turm brannte

75

Im Jahr 1634 tobte vor den Toren Nördlingens die alles entscheidende Schlacht des Dreißigjährigen Krieges. Zwei schwedische Heere kämpften gegen drei verbündete kaiserliche Heere. Zunächst versuchten die Schweden Nördlingen einzunehmen. Als sie am 3. und 4. September in das Innere des Deininger Tores einbrachen, blieb den Verteidigern nichts anderes übrig, als den Turm selbst in Brand zu legen, um auf diese Weise den Feind zurückzuschlagen. Erst 1516/17 wurde der Turm in seiner heutigen Form neu errichtet. **Die Schlacht bei Nördlingen endete für die Schweden in einer katastrophalen Niederlage.**

Deininger Tor
An der Deininger Mauer 10
86720 Nördlingen
www.noerdlingen.de

Das historische Deininger Tor

76 Malerische Winkel, enge Gassen

Fachwerk-Rathaus in Harburg
Schlossstraße 1
86655 Harburg
www.stadt-harburg-schwaben.de

Neben seiner Burganlage glänzt Harburg durch seine romantische Altstadt am Ufer der Wörnitz. Dort drängen sich historische Fachwerkbauten und Barockgiebelhäuser, entlang enger verwinkelter mittelalterlicher Gassen, an die aufragenden Felsen. Unter den mehr als 20 historischen Sehenswürdigkeiten hebt sich das Rathaus mit seinem reichen Fachwerk hervor, welches im 15. Jahrhundert von den Grafen zu Oettingen erbaut wurde. **Auch heute noch trägt das Rathausdach die sogenannte Blutglocke.** Wann immer ein Todesurteil gesprochen wurde, wurde dies durch das Läuten der Glocke kundgetan.

Das alte Rathaus mit Blutglockenturm

Aus dem Fluss geboren

77

Dass Donauwörth aus einem seiner Flüsse entstanden ist, verrät das „wörth" im Stadtnamen. Eingebettet zwischen der großen und der kleinen Wörnitz, war die kleine Altstadtinsel Ried Keimzelle der Stadt. Bis zum 16. Jahrhundert hieß sie noch Wörth. Die Entstehung der Stadt erzählt das Donauwörther Heimatmuseum, welches in dem historischen Fischerhaus untergebracht ist. Die Entstehungszeit des in „Ochsenblutrot" gestrichenen Gebäudes lässt sich bis in das Jahr 1480 zurückverfolgen. Eine Ausstellung zum Fischereiwesen macht deutlich, wie wichtig der Fischfang einst für die Stadt war.

Altstadtinsel Ried in Donauwörth
Museumsplatz 2
86609 Donauwörth
www.donauwoerth.de

Blick auf die Altstadtinsel Ried

78 Das „Donauwörther Glockenspiel"

Rathaus Donauwörth
Rathausgasse 1
86609 Donauwörth
www.donauwoerth.de

Das Donauwörther Rathaus steht genau am unteren Ende der Reichsstraße. Steigt man also die wenigen Stufen der Rathaustreppe empor, hat man den vollen Blick auf die bekannteste und schönste Straße der Stadt. Der älteste Teil des Rathauses entstand bereits ab 1236. Nach zwei Bränden und etlichen Neu- und Umbauten erhielt es im 18. Jahrhundert sein heutiges Mansardendach. Weitere Renovierungen folgten, so auch 1853, als es sein neugotisches Aussehen erhielt. **Täglich um elf und sechzehn Uhr ertönt vom Westgiebel das Donauwörther Glockenspiel.** Und das seit der 750- Jahr-Feier 1986.

Blick auf das Glockenspiel am Rathaus

Der Dehner Blumenpark

79

Einkaufen, Kulinarik und Freizeitvergnügen bietet die Firma Dehner in ihrem rund 42.000 Quadratmeter großen Blumenpark. **Der japanische Landschaftsgarten mit Großbonsais, Teichen, Wassertreppen und Bogenbrücken ist ein richtiger „Hingucker".** Auch Gartenelemente aus dem Mittelmeerraum und England sind vertreten. Einen berauschend hübschen Anblick bietet der Rhododendronhain, wenn er ab Mai seine Blütenpracht entfaltet. Stein- und Rosengärten sowie Anlagen mit Trockenmauern vermitteln dem ambitionierten Hobbygärtner Ideen, wie er sein heimisches Gartenreich verschönern kann.

Die Blumenstadt Rain

Donauwörther Straße 3–5
86641 Rain
www.dehner.de/blumenpark

Frühlingsstimmung im Dehner-Park

80

Bürgerkirche von 1480

Stadtpfarrkirche Rain

Pfarrstraße 9
86641 Rain
www.vg-rain.de

Die Stadtpfarrkirche „Johannes der Täufer" zählt zu den bedeutenden Kulturdenkmälern der Stadt und unterlag in ihrer Geschichte vielen Veränderungen. Ihre Ursprünge gehen bis in das ausgehende 13. Jahrhundert zurück. Eine Inschrift am Chorbogen mit dem Stadt- und Bayerischen Herzogswappen erinnert an die Einweihung im Jahr 1480. Der beeindruckende Turm wurde erst 1558 fertiggestellt und im 19. Jahrhundert auf seine stolze Höhe von 66 Metern erhöht. Der gotischen Ausstattung folgte eine barocke und eine neugotische. Während der letzten großen Renovierung wurden die bunten Glasfenster eingesetzt.

Die Stadtpfarrkirche St. Johannes

Der Prachtbau der Fugger

81

Um drei Innenhöfe wurde von 1512 bis 1515 eine Mischung aus italienischem Palazzo und Stadtpalast errichtet. Bauherr war Jakob Fugger „der Reiche". Hier entstand die Zentrale seines Finanz , Montan und Handelskonzerns. **In dem Gebäude weigerte sich Martin Luther** im Oktober 1518, gegenüber dem päpstlichen Gesandten Cajetan **seine publizierten Thesen zu widerrufen.** Auch Kaiser Karl V. war im Fuggerpalast zu Gast. Als der schwedische König Gustav II. Adolf im April 1632 in Augsburg einzog und im Fuggerstadtpalast residierte, waren die Fugger längst aus der Reichsstadt geflüchtet.

Fugger-Stadtpalast, Augsburg
Maximilianstraße 36
86150 Augsburg
www.augsburger.gedenktage.de

Der Fugger-Stadtpalast

82 Perle des Rokoko

Schaezlerpalais
Maximilianstraße 46
86150 Augsburg
www.augsburg.de/kultur/schaetzlerpalais

Man schrieb das Jahr 1770, als die spätere französische Königin Marie Antoinette der Einweihung des Schaezlerpalais beiwohnte. Sie war die Tochter der österreichischen Kaiserin Maria Theresia und wurde später durch die Guillotine hingerichtet. Das Palais beherbergt städtische und staatliche Kunstsammlungen. **Höhepunkt ist der Rokokofestsaal.** Daneben befinden sich in dem Gebäude unter anderem die deutsche Barockgalerie, die Grafische Sammlung und die Staatsgalerie Deutscher Meister, darunter Albrecht Dürers Porträt von Jakob Fugger „dem Reichen".

Schaezler-Palais und Herkulesbrunnen

Prachtstraße in der Fuggerstadt

83

Einen bleibenden Eindruck über die Schönheit und den ehemaligen Reichtum der Stadt erhält man, wenn man die Maximilianstraße von der Kirche St. Ulrich und Afra zum Marktplatz hinunterläuft. Stattliche Bürgerhäuser und kunstvolle Brunnen liegen auf dem Weg, wie das Schaezlerpalais, der Fugger-Stadtpalast, der Herkules- und der Merkurbrunnen, und schon von Weitem grüßen der Perlachturm und die Türme des Rathauses. Die Straße durchschneidet die Altstadt von Nord nach Süd, und **ihr nördlicher Abschnitt liegt auf der historischen Via Claudia Augusta**.

Augsburger Maximilianstraße
86150 Augsburg
www.augsburg.de

Die Maximilianstraße in Augsburg

84 Wo Puppen an Fäden tanzen

Heilig-Geist-Spital
Spitalgasse 18
86150 Augsburg
www.heilig-geist-spital.de

Einst durch Bischof Ulrich von Augsburg gegründet, war das Heilig-Geist-Spital die älteste städtische Einrichtung zur Versorgung von Kranken und Alten. Es wurde von den Augustinerchorherren Heilig Kreuz betreut. Seit dem Jahr 1150 namentlich bezeugt, lag es vor den Toren der Stadt. Die heutige Vierflügelanlage wurde in den Jahren 1623 bis 1631 neu errichtet. **Seit dem Jahr 1948 ist im Hauptbau des ehemaligen Spitals die Augsburger Puppenkiste untergebracht**, wo Urmel aus dem Eis, das Schwein Wutz, Jim Knopf und andere Marionetten noch immer ihre regelmäßigen Auftritte geben.

Von Räuber Hotzenplotz bis Jim Knopf

Kraftort und Rokokojuwel

85

Etwas abseits vom historischen Stadtzentrum, am östlichen Stadtrand, liegt die Wallfahrtskirche „Unseres Herrn Ruhe", erbaut zwischen den Jahren 1731 und 1753. **Der spätbarocke Bau birgt in seinem Innern ein Raumkunstwerk des bayerischen Rokokos.** Die stiltypische Harmonie zwischen Architektur, Plastik und Malerei sprechen Experten den beteiligten Künstlern zu. So stammen die Wandmalereien im Chor von Cosmas Damian Asam, die Kuppelfresken vom Augsburger Freskenmaler Matthias Günther und die Stuckaturen von Franz Xaver Feuchtmayer aus der Wessobrunner Kunstschule.

Herrgottsruh in Friedberg

Herrgottsruhstraße 29
86316 Friedberg
www.herrgottsruh-friedberg.de

Die Wallfahrtskirche Herrgottsruh

86 Zur Heiligsten Dreifaltigkeit

Klosterkirche der Ursulinen, Landsberg am Lech
Hubert-von-Herkomer-Straße 110
86899 Landsberg am Lech
www.landsberg.de

Als sich im 16. Jahrhundert die Jesuiten in Landsberg niederließen, boten sie den Knaben der Stadt eine zeitgemäße schulische Ausbildung. Bald wurden Stimmen der Bürgerschaft laut, welche auch für die Mädchen eine vergleichbare Bildungsstätte forderten. So beriefen sie 1719 den Orden der Ursulinen in die Stadt. Nach anfänglichen Schwierigkeiten, einen rechten Ort zu finden, errichteten die Ordensfrauen ihr Ursulinenkloster und die Klosterkirche Zur Heiligsten Dreifaltigkeit mit einer reichen Rokokoausstattung. **Äußerst sehenswert sind das Deckenbild und die Malereien über dem Chorbogen.**

Deckenfresko in der Klosterkirche der Ursulinen

Wo der Lech die Stufen hinabhüpft

87

„Licca" nannten die Kelten den rasch fließenden Fluss, der die topografische Entstehung, vor allem der Altstadt prägte. Vom Mittelalter bis in das 19. Jahrhundert hinein waren auf dem Fluss hunderte von Flößen unterwegs, die mit Handelswaren, Baumaterialien und anderen Gütern beladen waren. Das heutige Lechwehr gehört seit dem 14. Jahrhundert zum Stadtbild. Davor stürzte der Fluss über einen Felsen in das darunter liegende Flussbett, was durch Treibgut zu gefährlichen Rückstaus führte. Deshalb überbaute man den Felsen mit fünf Holzstufen. **Der Besuch des Lechwehrs ist für jeden Gast quasi ein MUSS.**

Das Lechwehr
Peter-Dörflet-Weg
86899 Landsberg am Lech
www.landsberg.de

Wo der Lech die Stufen hinabrauscht

88 Wo die Flößer beteten

Hohenfurch im Schönachtal
Hauptplatz 7
86978 Hohenfurch
www.hohenfurch.de

Von Wiesen und Wäldern umgeben, mit Blick auf die beeindruckende Alpenkette, **bietet Hohenfurch seinen Gästen die erhoffte Sommerfrische**. Hier kommt auch der Lech-Höhenweg vorbei, der von Landsberg nach Füssen führt. Auf einem grünen Hügel, südlich von Hohenfurch, steht die 1530/31 erbaute spätgotische St. Ursula-Kapelle und bietet herrliche Ausblicke auf die Ortschaft. Sie ist der heiligen Ursula geweiht, der Schutzpatronin der Flößer. Im Ort selbst ist die Kirche Mariä Himmelfahrt aus dem 14. Jahrhundert sehenswert. Im Kern spätgotisch, wurde sie im 18. Jahrhundert barockisiert.

Kirche Mariä Himmelfahrt

Geschichte auf Schritt und Tritt

89

Die Altstadt Schongaus ist gespickt mit historischen Zeitzeugen. So steht am Marienplatz der spätgotische Bau des Ballenhauses, ein ehemaliges Lager- und Ratsgebäude mit einem Treppengiebel aus dem Jahr 1420. Unweit davon befindet sich der „Polizeidienerturm", ein ehemaliger Turmeinlass. **Dahinter, stadtauswärts, erklären Hinweistafeln den weitläufigen Blick auf das Alpenpanorama**, welches sich von hier auftut. Am Maxtor, durch welches früher Pilger, Händler und Reisende die Stadt betraten, kann man das Fresko „Stadtrechtsbestätigung" betrachten, welche von Kaiser Ludwig dem Bayer erteilt wurde.

Spaziergang durch Schongau

Münzstraße 1
86956 Schongau
www.schongau.de

Das gotische Ballenhaus vor der Stadtpfarrkirche

90

Alpenrand in Römerhand

Peiting zwischen Lech und Ammer
Kapellenstraße 1
86971 Peiting
www.peiting.de

Schon die Römer siedelten hier. Das belegen die Ausgrabungen im Jahr 1956, als man die Reste einer großen römischen Villa entdeckte, welche vom Beginn des 2. Jahrhunderts bis zur Mitte des 4. Jahrhunderts auf Peitinger Gebiet stand. Ansonsten heißt es in der Marktgemeinde zwischen Lech und Ammer: **Rauf auf das Fahrrad, oder rein in die Wanderschuhe.** Nicht umsonst führt hier der König-Ludwig-Weg vorbei, ein Fernwanderweg, der über 127 Kilometer vom Starnberger See bis nach Füssen führt. Sehenswert ist die Wallfahrtskirche Maria Egg aus dem Spätrokoko mit dem Bildstock des Schneiders Ette.

Spätrokoko: Wallfahrtskirche Maria Egg

Alpenpanorama pur

91

Wildsteig ist mit rund 900 Metern NN die höchstgelegene Gemeinde im Landkreis Weilheim-Schongau. Weithin sichtbar ist die Pfarrkirche St. Jakob, die auf einem Hügel inmitten der Ortschaft errichtet wurde. Hier stimmen die Natur, das Alpenpanorama und die weitläufigen Wanderwege. **Ein Urlaubsort zum Erholen.** Wer hier seine Wanderstiefel schnürt, sollte auf jeden Fall die faszinierenden Tuffstein-Rieselwasserfälle in der Ammerschlucht bei Bad Bayersoien besuchen. Rund zehn Kilometer geht es auf dem Ammerweg II entlang. Ein wirkliches „Wander-Highlight".

Wandergemeinde Wildsteig

Kirchbergstraße 34
82409 Wildsteig
www.wildsteig.de

Sicht auf Wildsteig mit der Alpenkette

92

Lieblingsplätze

Natur pur in Halblech

Dorfstraße 18
87642 Halblech
www.halblech.de

Die kleine Gemeinde Halblech im bayerisch-schwäbischen Landkreis Ostallgäu **ist ein El Dorado für naturnahe Wanderer und Radfahrer**. Es gibt viele Lieblingsplätze zu entdecken. Einige seien an dieser Stelle genannt: Da ist der Geißbichl, ein Aussichtspunkt im Ortsteil Trauchgau-Eschenberg. Auch der Hohenpeißenberg (989 m) bei der gleichnamigen Ortschaft verspricht einen tollen Blick auf die heimelige Landschaft. Weiterhin empfehlenswert ist ein Besuch der Kapelle St. Peter im Ortsteil Berghof. Abkühlung versprechen an heißen Sommertagen der Hergratsrieder See und der Illasbergsee.

Alpenpanorama rund um den Ortsteil Trauchgau

Hoch über der Pöllatschlucht

93

Nur rund fünfzehn Minuten Wegezeit benötigt man vom Schloss Neuschwanstein zur Marienbrücke, welche in schwindelerregender Höhe die Pöllatschlucht überspannt. Im Jahr 1866 wurde die vorhandene Holzkonstruktion durch König Ludwig II. durch eine Metallkonstruktion ersetzt. Von hier aus berauschte sich der Märchenkönig durch einzigartige Blicke auf sein Märchenschloss und die Voralpenlandschaft. Direkt unter der Brücke stürzt der Pöllat-Wasserfall rund 30 Meter in die Tiefe. Die Brücke ist auch ein Ausgangspunkt, um den Schwangauer Tegelberg zu erwandern.

Marienbrücke Schwangau

87645 Schwangau
Brücke über der Pöllatschlucht, sichtbar von Schloss Neuschwanstein
www.schwangau.de

Die Marienbrücke über die Pöllatschlucht

94 Königliche Aussicht

Tegelbergbahn
Tegelbergstraße 33
87645 Schwangau
www.tegelbergbahn.de

Königliche Ausblicke über die Allgäuer und die Tiroler Alpen, bis hin zur Zugspitze, bietet eine Auffahrt mit der Tegelbergbahn zur 1.720 Meter hoch gelegenen Bergstation und dem Panorama-Bergrestaurant. Schon während man dem Ziel entgegen schwebt, **eröffnet sich ein neuer Blick auf Schloss Neuschwanstein, Schloss Hohenschwangau, den Alpsee und das dahinterliegende Bergmassiv**. Drachenflieger gleiten lautlos durch die Lüfte, und unten im Tal warten die Sommerrodelbahn, Biergarten, Abenteuerspielplatz und römische Ausgrabungen auf die kleinen und großen Rückkehrer vom Berg.

Die Königsschlösser: Blick aus der Tegelbergbahn

Deutschlands größter Stausee

95

Der Forggensee, ein künstlich gestautes Gewässer, ist mit rund 16 Quadratkilometern der fünftgrößte See Bayerns und der größte Stausee Deutschlands. Der vom Lech durchflossene Stausee wird im Winter, des Hochwasserschutzes wegen, abgelassen. Da er fast überall zugängig ist, ist er im Sommer ein El Dorado für Segler, Surfer, Wanderer und Radfahrer und bietet vielerlei Freizeitmöglichkeiten und zahllose Badestellen. Forggenseeschifffahrt, Tret- und Ruderbootverleihe werden gerne angenommen, **da auch vom See aus Blicke auf Schloss Neuschwanstein und die Alpen möglich sind**.

Der Forggensee bei Füssen

87624 Füssen
Hinweisschildern folgen
www.fuessen.de/wasser/forggensee schifffahrt

Der Forggensee

96 Kunstvoll bemalte Rokokofassade

Spitalkirche
Hl. Geist
Spitalgasse 2
87624 Füssen
www.fuessen.de

Mit dem Bau der Heilig-Geist-Kirche in Füssen setzte der Einheimische Franz Karl Fischer die Tradition seines Vaters, des Erbauers der St. Mang-Kirche, fort. Er wollte einen Kirchenraum voller Luft, Licht und Sonne. **Auffallend** ist der Hochaltar, der Marmorstuck und **die vielen Fresken-Gemälde im Innern und auf dem Äußern der Kirche**. Im Kircheninnern sind unter anderem die sieben Sakramente als Geschenk des Heiligen Geistes dargestellt, in den Ecken die damals vier bekannten Erdteile. Die Außenfassade ziert St. Christophorus mit dem Jesuskind, St. Florian sowie die heilige Dreifaltigkeit.

Der Giebel der Spitalkirche

2.000 Jahre lebende Geschichte

97

Man fühlt sich sofort wohl, wenn man in die engen Gassen der quirligen Altstadt eintaucht. Man nennt die Stadt auch „Die romantische Seele Bayerns", mitten im Land der Burgen, Seen und Königsschlösser, **eine Stadt mit mehr als 2.000 Jahre lebendiger Geschichte**, und sie ist Bayerns höchstgelegene Stadt. Ein Superlativ jagt also das andere. Auf jeden Schritt und Tritt stößt man auf Baudenkmäler und historische Kunstschätze. Doch auch die kleinen Sensationen, wie die Reichenstraße, die kleinen Cafés, schmucken Geschäfte und bemalten Hausfassaden machen Füssen so liebens- und besuchenswert.

Historische Altstadt
Kaiser-Maximilian-Platz
87624 Füssen
www.fuessen.de

Schmucke Häuser in der Altstadt von Füssen

98 Eines von Bayerns schönsten Geotopen

Der Lechfall
Tiroler Straße
87624 Füssen
www.lechfall.de

Südlich von Füssen, an der Bundesstraße 17 (Tiroler Straße) liegt **eines von Bayerns schönsten Geotopen**: der Lechfall. Als in der Gegend vor rund 12.000 Jahren die Eiszeit zu Ende ging, bildete sich durch die abschmelzenden Eismassen der riesige Füssener See. Hier stürzte der Lech einst hundert Meter in die Tiefe. Erst als sich der Fluss mühevoll einen engen Durchlass durch die Felsen gegraben hatte, konnten die Wassermassen abfließen. Geblieben ist der heutige Lechfall, ein zwölf Meter hohes Stauwehr über fünf Stufen. Danach verengt sich der Lech und zwängt sich durch eine enge Schlucht.

Der Lechfall außerhalb von Füssen

Musiktheater am See

99

Als „Musical Theater Neuschwanstein" wurde das heutige „Ludwigs-Festspielhaus" zwischen 1998 und 2000 direkt am See erbaut. In Folge wurden die Musicals „Ludwig – Sehnsucht nach dem Paradies" und ab 2005 „Ludwig – Der Mythos lebt" aufgeführt. Wegen niedriger Auslastung wurde im Jahr 2007 der Spielbetrieb eingestellt. Doch im Sommer des gleichen Jahres wurde die Anlage als „Festspielhaus Füssen" und „Musiktheater Füssen" neueröffnet. Eine weitere Insolvenz folgte. Ein neuer Investor, mit verändertem Konzept, übernahm die Anlage **und sicherte sich bis 2029 die Rechte für das Musical „Ludwig"**.

Ludwigs-Festspielhaus
Im See 1
87624 Füssen
www.das-festspielhaus.de

Das Ludwig-Festspielhaus am Forggensee

Werner Rosenzweig wurde 1950 im mittelfränkischen Städtchen Herzogenaurach geboren. Nach seiner Schulzeit trat er in die Dienste der Siemens AG Erlangen ein. In 42 Dienstjahren bereiste er alle Kontinente. Die letzten drei Jahre lebte und arbeitete er in der chinesischen Metropole Schanghai. Seit 2009 schreibt er Frankenkrimis, fränkische Gedichtbände, Freizeitführer und Geschichten in fränkischer Mundart.

Der Verlag und der Autor freuen sich über Ihre Hinweise
info@mitteldeutscherverlag.de

Fotografien: Werner Rosenzweig, außer Nürnberg Luftbild: S. 2, 8, 14, 18, 22, 32, 38, 60, 64, 76, 133; Wikipedia: S. 148; Dehner Gartencenter GmbH & Co. KG: S. 139; Gästeinformation Halblech im Allgäu – Wolfgang R. Kleiner: S. 152; Tourist-Info Wildsteig: S. 151; Tourist-Information Peiting: S. 150; Füssen Tourismus und Marketing/Ingrid Rösner: S. 158; Tourist-Information Schwangau: S. 96, 153, 154; Bay. Verwaltung der staatl. Schlösser, Gärten und Seen: S. 8, 11, 24, 26, 27, 28; Der Forggensee im Gemeindebereich Halblech: S. 155

Gesamtherstellung: Mitteldeutscher Verlag, Halle (Saale)

ISBN 978-3-96311-170-9

Printed in the EU